초록빛 추억

고재흠 수필집

| 自 序 |

지금은 4월 초순. 만물이 소생하는 계절이요, 우리 가슴에는 꿈과 희망이 솟구치는 절기이다.

파란 하늘 아래 파란 새싹들이 앞을 다투어 눈을 틔운다. 새봄의 봄바람은 청량감마저 안겨주니 상쾌하기 그지없다.

수필집 머리글을 쓰려고 붓을 든 오늘, 하느님도 역시 ≪초록빛 추억≫ 출간을 축하해 주는 듯싶다. 정말 고맙고 가슴 뿌듯하다.

평소 선친께서는 우리 집안은 제봉 경명敬命 중시조로부터 학문의 맥을 이어온 집이니 만큼 문집을 남겨야 한다고 말씀하셨다. 조부님과 백부님은 학문이 높으셨고 선친은 편지〔書簡〕를 엮어 간독문집簡牘文集을 발간하기도 하셨다. 그런데 나는 오랫동안 습작하였지만 머뭇거리다가 삶의 애환을 담은 산문을 엮어 ≪초록빛 추억≫이란 이름표를 달아 조심스럽게 세상에 선보인다.

어려운 시대에 태어나 힘든 세상을 살면서 늦깎이 문인이 되어 문단의 세계를 바라보니 여간 두렵고 조심스러운 게 아니다.

8 · 15 광복, 6 · 25, 9 · 28 그리고 4 · 19, 5 · 16, 등 격동기를 거치면서 험난한 파도를 타고 다행히도 목숨만은 살아남았다. 특히 9 · 28 수복 때 변산반도 내변산 일대는 경찰과 빨치산의 격전장이

되어 4년 동안의 피난생활을 하며 통한의 세상 풍파를 겪기도 했었다.

내가 글을 쓰기 시작한 데는 여러 가지 사유가 있다. 우리나라는 농사를 위주로 하는 농경사회에서 산업사회로 변화하면서 윤리의식이 점점 희박해져 갔다. 시기 · 질투 · 중상 · 모략 · 사기 · 절도 · 살인 등 온갖 사회악이 만연蔓延했다. 그런 이슈가 있는 사건들을 몇 개의 일간신문에 칼럼으로 여러 번 발표한 적이 있었다. 그 기사를 읽어 보신 전직 교육자였고 현재 문단의 원로이신 소암素菴 곽병술郭秉述 선생의 권고로 문단에 발을 들여놓게 된 것이다. 정말 고마운 분이다.

어려운 시대의 삶이었지만 내 신변에 일어난 일들과 내가 보고 듣고 느낀 그대로를 일기로 쓴 것이 토대가 되어 글을 쓰게 됐다.

글을 쓴다는 것은 끊임없이 자신을 반성하는 일이다. 글을 쓰는 행위를 통해 자기 자신을 되돌아보고 겸허한 마음으로 묵묵히 지나온 인생을 회고하는 것이다. 자기반성이 없다면, 죄에 대한 회오가 없다면, 그것은 죽은 글이나 다름없다고 생각한다. 또 글을 통해 내 삶을 중간 점검을 하는 것이기도 하다.

등단작품 심사평 중 "예리한 관찰과 인생의 관조를 통하여 우리의 삶의 진솔한 모습들을 예리하게 투시하고 있다."라는 격려의 말씀에 힘입어 한 권의 책을 출판하게 된 것이다. 한편 문학성이 미급함에도 불구하고 출간을 하는 것은 만용이 아닐까 하여 조심스럽다.

하지만 한 권의 수필집을 세상에 선보인다는 것은 저자로서는 또한 한없이 기쁜 일이다. 그런 기쁨이 책이 나온 뒤에도 오래 지속되

길 기대해 본다. 쓸데없는 교언巧言만 늘어놓은 것이 아닌가 하는 자책감도 들지만 늘 자신을 돌아본다는 자세만은 버린 적이 없으니 그런 나의 마음이 독자들에게 전해진다면 더 바랄 것이 없겠다.

10년 전 선영으로 가신 아버님과 3개월 전 98세로 세상을 뜨신 어머님께 눈물 젖은 책 한 권씩을 먼저 바치고자 한다. 살아계셨다면 얼마나 기뻐하셨을까!

그 동안 수필을 지도해주시고 발문까지 써주신 김학金鶴 교수님과 축시를 써 주신 許素羅 교수님, 축간사를 써 주신 소재호蘇在浩 선생님, 출판휘호 축서를 써주신 치당癡堂 김규완金圭浣 선생님께 감사드린다.

50여 년 동안 내 삶과 건강을 항상 지켜주고 한 권의 책을 출판할 수 있도록 적극적으로 도와준 아내에게 진정 또 진정 고마움을 전한다. 또한 출판에 힘을 모아준 장남 효석孝錫을 비롯 충석忠錫, 윤숙閏淑, 인석麟錫, 경준敬俊 등 5남매와 며느리 김현영金賢榮, 서주희徐珠姬 사위 최규술崔圭述에게도 고맙다는 말을 전한다.

특히 출간 축화를 그려준 둘째 며느리 최현실崔賢實에게도 고마움을 표한다.

그리고 신아출판사 서정환 사장님과 편집진의 각별한 배려에 감사드린다.

2009년 4월

靑林寓居에서 靑林 高在欽 識

| 祝 書 |

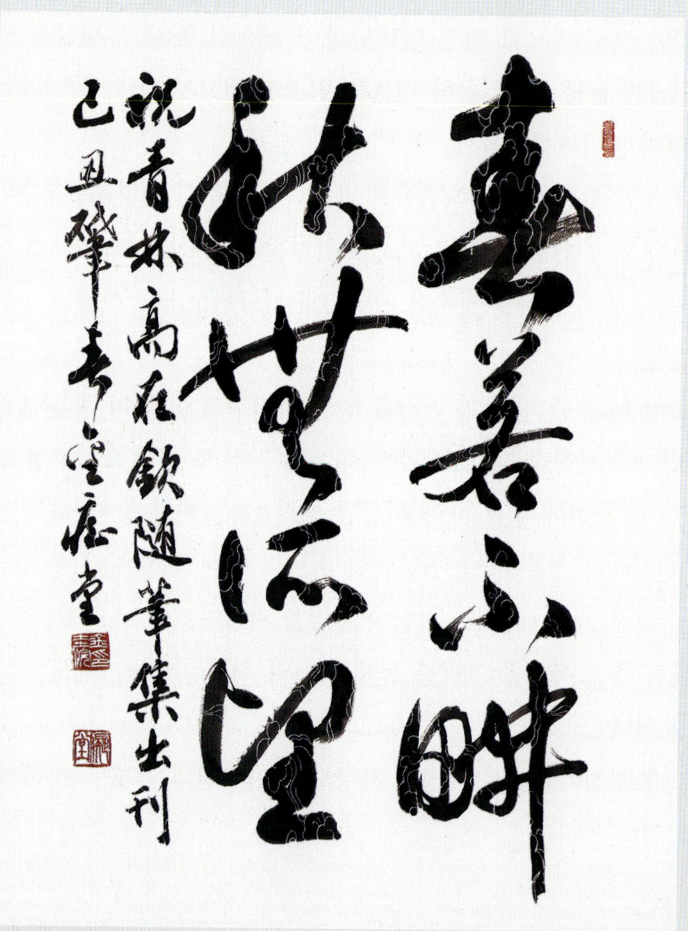

癡堂 金圭浣

- 대한민국 서예대전 14회 입선
- 한국서예협회 초대작가
- 한국서예협회 전북지부장
- 강암서예학술재단 이사

| 祝 畵 |

최현실 崔賢實

- 원광대학교 미술대학 졸업, 단체전 및 회원전 다수, 전국대학미술대전 특선, 전라북도미술대전 입선 및 특선, 환경미술대전 입선 및 특선, 춘향미술대전 입선 및 특선, 그외 전국미술공모전 입상 다수
- 현 한국미술협회원, 환경미술협회익산지부 서양화 분과위원장

| 祝 詩 |

靑林園의 오가피나무처럼

— 처녀 수필집 『초록빛 추억』을 기리며

許 素 羅 | 시인 · 군산대 명예교수

새만금의 염통이 뛰는 부안 땅
매창의 고운 숨결
오늘도 내변산을 싸고 도는데
묵묵히 역사의 증언자가 되어온 靑林

남들이 군림하려 할 때
거느리려 할 때
사람이나 물건에 값 매기는 일 마다하고
오로지 외길로만 걸어온 70 생애

창공을 날아본 일이 없는 자는
추락의 아픔을 모른다
창공에만 떠 있던 자들은
더더욱 모르리라

이제야 인고의 세월 다독이며
은백의 준령마다
걸어 놓았던 사연
한 올 한 올 풀어내니
우리 모두의 가슴에 청실홍실로 다가오도다

지금도 고향 땅 한 모서리
그 옛날 할머님 어머님이 지성으로 쌓아 올렸다는
돌탑
비로소 天心을 얻었는가
文彩를 얻었는가

부디 조석으로 보살피시는 청림원의 오갈피나무처럼
마알간 하늘만 바라보며 『초록빛 추억』으로 사소서

| 祝刊辭 |

고향 동구 밖에서 우러르는 한 그루 노송처럼

소 재 호 | 시인, 전 전북문인협회장

우리네 고장 오일장이 서던 읍내를 거쳐 고향길에, 가슴 설레며 시오 리쯤 산자락을 감아 돌면, 마침 낮닭의 울음이 파아란 보리밭이랑을 넘쳐 오고 문득 시야에 거므야야 세월 묵혀 늙은 소나무 한 그루가 거기 버티어 섰었지요. 딱 한 그루인데 그게 한 오백 년쯤 마을을 지켰을까요?

동학란부터 무슨 난리들도 그렇게 많이 휩쓸며 지나가고, 6 · 25 전쟁이 인륜을 통째로 짓밟고 지나가고, 인간성을 철저히 유린하던 크고 작은 사건들이 되놈들처럼 몰아닥쳤다 가고, 그랬어도 우렁우렁 큰 목청으로 노송은 여태 거기에 버티어 있었어요.

온갖 전설을 끌어안은, 온갖 고풍스런 이미지가 서려있는, 소나무는 차라리 우리에게 한 채의 소슬한 종교였습니다. 난리가 나려 할 즈음은, 밤 새워 부엉이 울음 같은 무슨 울음이 나무 그늘에서 울리어 나와 마을 사람들로 하여금 전율케 했고, 내내 평화 시절에는 많은 학의 떼가 흰빛 하늘채 나무에 깃들다 갔고, 서늘한 샤머니즘도 잔뜩 여미고 있었거나, 범신적 영성도 아름드리 이끌고 서 있었지요. 우리는 이런 노송을 신령인 양 우러렀지요. 말씀 없으시되 사람들은 진리나 예언을 읽고 갔지요. 그 앞에서 열심히 기원을 하면 대부분 소망이 이루어졌지요.

가만히 생각해보니, 고재흠 선생님은 이처럼 한 그루 노송 같다는 생각이 들었어요. 옛날의 유교적 사유로 하시되 현세에 적절하게 벼리시는, 고전적 기상으로 하시되 현대적 슬기로 융합하시는, 그러한 어른 말입니다. 해묵은 옛 사물들을 다시 쓸모 있게 갖추어서 현대의 저자에 내놓아 고아한 빛을 발하게 하시는 것입니다. 어제의 태양이 오늘 다시 떠오르는 것이지만 사람들은 오히려 그 찬란함으로 연유하여 새로운 태양이라고 가슴 벅차라 하듯이, 선생님은 그처럼 새로움으로 전이시키는 재주를 부리는 것입니다.

그러시면서 자강 자율 자정하는 의지로 정신이 윤택한 생애를 경영하시는 것입니다. 또한 선생님께서 펴시는 윤리 도덕의 강론이, 애향 애민의 웅변이, 용케도 오늘의 논리로 합당하게 변용되는 것입니다.

그리고 선생님은, 조선 민족의 운명이 참절비절했던 임진왜란 때 조선 장졸을 끌어모아 창의하여 의병대장으로 우뚝 나서서 왜군의 예봉을 꺾고서 삼부자가 순절했던 제봉 고경명 장군의 후손답게, 때론 의열에 쟁쟁하신 것입니다. 제봉 선생께서 1,000여 수의 시편을 남기시어 조선 으뜸의 시인이셨음에 영향을 입어 그 예술 혼이 누대를 내리 혈통으로 닿아서 글 쓰는 문사로 이 시대에 정정하신 것입니다.

선생님의 글은 우선 문장이 유려합니다. 또, 물 흐르듯 문맥이 굽이쳐서 행렬이 순조롭습니다. 글 안에 담으려는 메시지나 정서가 산뜻하게 설치되어서 정채가 있지요. 그래서 선생님께서 늦깎이 운운하시며 겸양하시는 양이 후배들에게 민망하게 할 뿐입니다.

선생님은 언뜻 고지식한 선비로 비춰질 수 있겠으나, 외모는 그러하시되 짙은 눈썹 밑 자비로운 눈빛을 우러르면, 금방 이웃집 할아버지로 느껴지지요. 잘 익은 살구 하날 슬그머니 내밀 것 같은 인자함이 읽혀집니다.

오래 다듬다가 내시는 문집이므로 진심으로 축하를 드립니다.

서문을 부탁하시므로 제 분수에 맞지 않아 사양코 사양하다가 결국 잡문에 이르렀음에 송구스럽기 짝이 없습니다. 제 글월로 인하여 선생님께나 선생님 문집에 누가 되지 않을까 저어하면서, 선생님의 문운 창성과 존체 강녕을 기원합니다.

| 目 次 |

제3부 돌 탑

제4부 꽃과 사람

제5부 가을 경복궁

제6부 소나무집 5남매

제7부 명산은 인걸을 낳고

제8부 쌍선봉의 눈꽃

제1부

봄의 소리 봄의 몸짓

봄의 소리 봄의 몸짓

봄의 발자국 소리가 들린다. 봄이 오는 소리! 가만히 귀를 기울이면 천지가 나지막한 소리로 가득하다. 겨우내 숨죽이고 있던 만물이 소곤거리기 시작한 것이다. 작고 보드랍고 소중한 생명들이 조심스럽게 움직이는 소리다. 겨울을 견딘 연둣빛 새순이 고개를 내미는 소리, 꽃봉오리가 부풀어 오르는 소리, 봄비로 연해진 땅을 헤집고 벌레들이 살며시 고개를 내미는 소리, 어미새가 부지런히 둥지를 다듬는 소리…….

이렇듯 온통 향기롭고 아름다운 소리로 가득하다. 봄이 오고 있는 것이다. 아기병아리 솜털처럼 보드라운 햇살 어디에 이토록 놀라운 힘이 숨어 있었을까?

둔한 나의 가슴에도 참기 힘든 간지럼 같은 게 찾아든다. 누군가가 부르기라도 한 듯 집을 나선다. 겨드랑이에 날개가 돋은 듯 발걸음이 가볍다. 가끔 다녀서 이제는 오랜 지기知己처럼 정이 든 기린봉으로 향한다. 기린봉은 기린처럼 인자한 모습이다. 수시산守市山같이 전주시가를 내려다보는 숲속의 군자인 기린봉은 전주의 상징이며 시민의 쉼터이기도 하다. 마음만 먹으면 쉽게 찾을 수 있는 곳, 동행이 없어도 시민을 벗삼아 외롭지 않은 곳이다. 기쁘면 기쁜 대로 슬프면 슬픈 대로 신기하게도 나와 같은 마음이 되어 주는 곳이다. 가파른 길을 한참 걸어야 정상에 오른다. 산은 작은 수고를 요구하지만, 그 품에 안겨 평안을 얻은 것으로 나의 수고는 금방 보상을 받는다.

산의 초입에 들어서면 기다렸다는 듯 어느새 솔향기가 먼저 반기며 마중을 나와 달려든다. 나무들이 만들어주는 아늑한 동굴 같은 오솔길을 따라 한참을 걸으면 정적靜寂한 곳에 있는 선인사仙麟寺를 만나게 된다. 이 절은 100여 년 전에 세워진 고찰로 비구니의 참선 도량이다. 불교도는 아니지만 그 사찰을 찾으면 나도 역시 자비심慈悲心이 일어 숙연해진다. 오염되지 않은 자연의 품에 안겨 심신을 수련하는 도량같기도 하다.

절 옆에 옹달샘이 하나 있다. 언제나 그만큼의 물이 고여 있다. 퍼마셔도 퍼마셔도 늘 같은 양으로 채워져 있다. 스스로 모자란 것을 메우는 샘을 보며 새로움으로 맑음으로 아름다움으로 채우고 싶었던 젊은 날의 내 소망을 생각해 본다. 진즉에 가슴속에 이런 옹달샘을 간직했다면 훨씬 향기롭고 서정敍情이 넘쳐흐르는 삶을 살 수 있었을 텐데…….

기린봉 정상에 올라 심호흡을 하며 봄이 오는 소리를 듣는다. 사방에서 들려오는 봄의 소리들, 눈으로 귀로 마음으로 맞이하는 봄의 소리들, 저절로 콧노래가 흥얼거려진다.

봄은 메마른 대지에 생명을 불어넣어 봄의 몸짓이 시작되게 한다. 봄날의 햇빛은 사람들의 가슴속에 파릇파릇 새싹들을 돋게 해주기도 한다. 그리고 또 한 아름의 행복을 기대하도록 가슴을 꽃봉오리처럼 부풀리는 계절이기도 하다. 변화무쌍하고 복잡한 사회에서 살아가는 사람들의 메말라가는 가슴에 파란 새 잎새가 다시 피어나게 해준다.

이곳 저곳에서 울려 퍼진 봄의 찬가가 가까이 들렸다 멀어지기도 하고, 멀리서 들렸다가 다시 가까워지기도 한다. 봄은 첫사랑처럼 가슴을 설레게도 하고, 새로운 희망을 가꾸어갈 계기를 마련해주기도 한다.

온갖 허영심과 사치, 풍요로움이 넘쳐나는 세상이다. 신이 보낸 사전 경고인 줄도 모르고 무절제하게 살아가는 이들이 있어 안타깝다. 금년 봄은 유난히 날씨의 변화가 심한 것 같다. 예년보다 따뜻한 봄이 일찍 왔고 비가 자주 내리거나 거센 바람이 불기도 했다.

나는 금년 봄 약효가 천삼天蔘이라 불리는 오가피를 상당량 심었다. 묘목을 심을 때는 비가 너무 자주 와서 힘이 들었지만, 난산 끝에 옥동자를 낳는다는 속설이 있듯이 무럭무럭 자라고 있다. 천삼이라 불리는 오가피 한 그루 한 그루가 사람의 건강 지킴이가 된다니 나는 많은 사람의 건강 지킴이가 된 셈이다. 정말 즐겁고 가슴 뿌듯하다. 또한 어떤 자선이나 베푼 듯 괜히 우월감에 젖어들 때도 있다.

가시덤불 속을 찔리지 않고 용케 날아다니는 새들의 날갯짓에도 기쁨이 넘쳐난다. 이 많은 새들이 겨울 동안 어디에 숨어 있었을까. 새들은 겨우내 고운 노래를 참느라 얼마나 답답했을까? 멧새 · 굴뚝새 · 노랑 할미새들이 모두 나와 그 동안 배우고 익힌 노래를 연습하느라 바쁘다. 머지않아 벌새는 꽃마다 부리를 넣어 꿀을 빨며 향기에 취할 테고, 딱따구리는 부지런히 나무를 쫄 것이다. 뱁새는 떼를 지어 봄볕 속을 포르릉 날고, 꾀꼬리는 금빛 날개만큼이나 아름다운 노래를 부를 것이다. 유난스레 높은 음을 내는 저 새는 소프라노 가수인가. 새들의 합창은 언제 들어도 조화롭기만 하다.

(2003. 4. 14.)

섬진강의 봄

만물이 생동하는 봄. 활기찬 새봄이다.

나는 지난 해에 이어 올해도 섬진강을 찾았다. 예로부터 강은 사람을 불러 모았고, 한 발 앞서가며 문명의 지혜를 깨우쳐 주지 않았던가. 강물은 말이 없다. 언제 찾아가도 변함없이 반기며 맞아주는 섬진강이다.

해마다 이맘때면 섬진강 주변의 산수유와 매화는 나를 유혹한다. 날개가 돋친 듯 발걸음도 가볍다. 산수유와 매화향도 실컷 마실 겸 부푼 꿈을 안고 달려갔다. 봄의 내음을 양껏 마시니 가슴이 활짝 펴진다. 정말 상쾌하다. 잠들어 있는 나무의 생명을 깨우는 이른 봄바람이 소매 끝에 닿으니 정신이 맑아진다. 이른 봄 날씨는 나태해진 몸과 마음을 깨끗하게 씻어주는 것 같아 좋다.

겨울이 지나면 화창한 봄이 오는 자연의 순환이 인생에도 적용

되기를 바라기에 계절의 변화에 더욱 민감해지는 듯싶다. 찬바람 속에 꽃을 피워내는 나무들의 의지가 기운찬 봄. 아직은 쌀쌀한 햇볕 속에서 나무들은 꽃눈을 틔우려고 몸살을 앓는다. 어서 빨리 따스한 봄날이 오기를 바란다.

우리 인간 중에는 젖먹이 때부터 우주 사물을 일찍 아는[生而知之者] 신동도 있고, 열 살이 훨씬 넘어서야 말문이 트이고 겨우 학교 문을 두드리는 사람도 있지 않던가. 강변의 산수유와 매화도 어떤 나무는 화사하게 꽃을 피웠는가 하면 어떤 것은 아직도 움츠리고 있는 것도 있다.

올해도 예년에 비해 한 열흘 이상이나 앞서 봄이 열린다는 기상청의 예보이다. 꽃샘추위도 별반 없이 3월 초순을 맞았다. 이 초순의 기온이 평년 하순의 기온과 같다고 한다. 사방을 둘러보아도 산과 들은 아직 겨울의 끝자락인데 벌써 강변의 산수유가 피기 시작했고 매화꽃이 하얗게 피었다.

봄은 남쪽에서부터 시작된다. 여기는 벌써 봄이 만발했다. 밭보리는 웃자라 있고, 산허리 양지바른 밭에서는 농부들의 모습이 눈에 들어왔다. 한 농부는 언덕 밭을 가느라 구슬땀을 흘리며 일 년 농사를 시작한다. 힘든 것도 잊은 채 희망에 찬 밝은 표정이다. 겨울과는 달리 검은 흙이 봄내음을 확 풍겨 준다. 산굽이를 감돌아 흐르는 실개천에서 졸졸 흐르는 물소리가 유달리 청아하다. 남녘은 확실히 봄이 무르익고 있다.

봄이 오면 무겁고 두꺼운 옷을 벗어버리는 것만 해도 몸과 마음이 가벼워진다. 주름잡힌 얼굴이지만 따스한 햇볕 속에 미소를 띠우고 하늘을 바라보면 날아갈 것만 같다. 봄이 오면 젊음이 다시 찾아오는 것 같다. 봄은 희망이요 젊음이다.

잃었던 젊음을 잠깐이라도 만난다는 것은 헤어졌던 애인을 만나는 것보다 기쁜 일일 것이다. 오랫동안 헤어진 사람이 여자라면 뚱뚱해졌거나 말라 비틀어졌거나 둘 중 하나일 것이요, 남자라면 낡은 털재킷같이 축 늘어졌거나 얼굴이 시뻘겋고 눈빛이 혼탁해졌을 것이다. 젊음은 언제나 아름답다. 지나간 날의 애인에게서는 환멸을 느낄 수도 있겠지만 잃어버린 젊음에서는 안타까운 미련을 가질 듯싶다. 나이를 먹으면 젊었을 때의 초조와 번뇌에서 벗어나 마음이 가라앉는다던가.

섬진강은 때가 묻지 않은 청동 거울이다. 세속에 녹슬지 않고 오염되지 않은 순수의 얼굴을 보여준다. 강변의 청정한 소나무는 맑은 물과 더불어 수려한 경관으로 찬탄의 대상이 되고 있다.

하얀 모래톱과 강을 따라 펼쳐진 산자락의 능선과 송림들을 바라보며 우리 자연의 순수성을 느낄 수 있는 곳이다. 우리나라 대부분의 강물이 오염으로 자연미를 상실한 데 반해 섬진강만은 아직도 오염되지 않고 있어 다행이다. 강변의 골짜기마다 산수유와 매화가 구름처럼 피었다. 매화 마을을 지나면서 이곳이 우리나라 명소로구나 새삼 감탄했다.

여인의 알몸보다 더 부드러운 모래밭 곁으로 은빛 강물이 흐른다. 몸을 푼 강물이 느긋해진 표정으로 다가온다. 살갗을 파고들던 봄바람은 언제부터 온유해졌는가. 산수유꽃과 매화 향기를 앞세우고 미소를 지으며 스쳐간다.

우리는 그 동안 얼마나 생존 경쟁에 떠밀려 실의와 상처를 안고 부대끼며 살아왔던가. 인생의 멋, 운치, 풍류라는 말조차 느끼지 못하고 살아온 나날이 아니었던가! 그 무엇에 쫓겨 허둥지둥 살아온 것일까? 해마다 이맘때면 우리 산수의 절정과 삶의 멋에 빠져서 아름다운 인생의 한 순간을 맛본다.

흐르는 게 섬진강만은 아니다. 달과 물, 산수유와 매화 향기도 흐르고 있다. 인생도 유장悠長하게 흐르고 있다.

(2004. 3. 30.)

정해년 새해에는

정해년 새해가 밝았다. 새해를 맞으면 언제나 가슴이 벅차오르고 기분이 설렌다. 해마다 새해를 맞으면 오는 새해가 내게 소중한 선물을 주려니 하는 기대를 갖는다.

새해 첫날 아침 찬란히 솟아오르는 황금빛 태양을 보며 나는 무슨 꿈을 꾸었고 어떤 소망을 빌었던가? 새해를 맞으면 누구나 밝고 희망찬 한 해가 되기를 바란다. 그 바람 속에는 나름대로 나의 꿈과 소망도 들어 있다. 그래서 새해맞이는 한결 희망차게 느껴지는 것 같다.

새해 정해년은 돼지해다. 가축 가운데서도 돼지처럼 사람들과 친숙한 동물도 흔치 않을 것이다. 돼지는 전통적으로 다산多産과 부富를 상징하고 있다. 요즘도 큰일을 시작하기에 앞서 고사告祀를 지낼 때면 으레 돼지머리를 올린다. 고사에 쓰이는 돼지머리는 미소를 머금고 있어야 하고, 그 돼지얼굴에 상처가 없어야 한다. 고사상에 오른 그 돼지의 헤벌어진 입에 지폐나 돈 봉투를 물려주며 마음속으로 소망을 비는 게 하나의 관례다.

돼지를 생각하면 1960년대의 잊지 못할 추억이 떠오른다. 정부에서는 농가 소득원의 하나로 돼지사육을 권장했었다. 우리 집도 양돈농가로 지정받아 돼지를 길렀다.

어느 날 돼지가 밥을 달라고 어찌나 소리를 지르던지 안쓰러워 밥통이 철철 넘치도록 돼지 밥을 퍼 주었다. 그런데 외출에서 돌아오신 아버지께서는 적당히 밥을 줘야지 돼지가 배 터져 죽겠다고 하며 꾸짖으셨다. 그러나 사람은 배탈이 나지만 돼지는 배탈이 나는 경우가 없다고 한다. 사람들도 먹고 살기 힘들던 때의 일이다. 그런데 그때 그 돼지들은 건강하게 새끼를 많이 낳아서 양돈 우수농가로 선정되어 아버지가 큰 상賞을 받기도 했다. 새끼는 돼지가 낳고 상은 우리 아버지가 받으신 것이다.

정해丁亥년 새해에 거는 기대가 크다. 우리 가족 모두가 건강하고, 고령이신 어머님의 병환이 치유되며, 노총각인 셋째 아들이 결혼하고, 넷째 아들이 손자를 낳기를 바란다. 그리고 나도 올해에는 나의 처녀수필집을 출간하고 싶다.

톨스토이는 ≪전쟁과 평화≫란 작품에서 "사람은 무엇으로 사는가?" 라고 묻고 있다. "누구나 재물을 가지고 있으면서 궁핍한 것을 보고도 마음을 닫고 그를 동정하지 않는다면 어떻게 사랑이 그 사람 안에 있겠는가. 말로나 혀끝으로만 사랑하지 말고 행동으로 진실하게 모든 사람을 사랑하라."고 했다.

이기심은 사랑의 부족에서 나오고 과욕過慾은 사람을 망친다.

사람이 사는 동안에 자기 마음대로 되는 것은 별로 없다. 무모한 자들이 그것을 아는 데 많은 시간이 걸릴 뿐이다.

우리에게 큰 희망과 기쁨을 주는 말은 역시 '새해'라는 말이다. 낡은 것이 사라지고 새것이 찾아오기 때문일 것이다. 그래서 우리는 새해를 기다리고 기쁜 마음으로 새해를 맞는 것이다.

(2007. 1. 1.)

꽃 중의 꽃 영산홍

꽃은 언제나 내 가슴을 설레게 한다. 그 중 '영산홍' 은 내 마음을 더욱 황홀지경으로 유도한다.

동서고금을 막론하고 꽃은 우리 인간들에게 봄의 상징이면서 아름다움의 표상이다.

3한 4온이 있고 사계절이 분명한 우리나라에는 그 계절에 걸맞은 색이 있다. 그리고 철따라 산과 들이 아름다운 색으로 변하기 때문에 우리나라의 산하를 가리켜 금수강산이라 했다.

우리는 겨울의 삭막함과 불모성에 대비되는 봄의 따뜻함과 생명력을 체험적으로 잘 알고 있다. 겨울이 온 대지를 삭막함으로 뒤덮는 계절이라면 봄은 대지를 새로운 생명의 이미지로 채색하는 계절이라 할 수 있다. 그리고 대지가 내뿜는 이러한 생명력의 분출을 가장 아름답게 드러내는 것이 바로 꽃이다. 화단의 꽃은 사람의 손으로 잘 가꾸지만 들녘의 꽃은 누가 보살펴 주지 않아도 스스로 자연의 본성에 따라 들판 여기저기에 피어난다. 우리가 알 수 없는 어떤 거대한 생명력, 인간을 넘어선 어떤 초월적인 존재의 힘을 느끼게 만들어주는 것이 꽃이다.

또 꽃은 자연스럽게 세월의 흐름을 전해주기도 한다. 겨울과 뚜렷이 구별되는 봄의 모습을 보여주기 때문에 꽃은 사람들로 하여금 변화를 느끼도록 만들며 이 변화는 세월의 흐름에 대한 자각으로 나타나는 것이다.

예컨대 우리는 아름다운 여자를 '꽃 같은 여자'라고 말하는데 너무 익숙해 있어서 이 같은 표현은 이제 특별한 감동을 주지 못한다. 이것은 우리가 아름다움을 드러내는 데 꽃의 이미지를 얼마나 흔하게 사용하고 있는지를 반증해 주는 것이리라. 그렇다면 사람들은 왜 이처럼 꽃을 아름다움의 대표적인 상징물로 생각한 것일까? 그것은 꽃이 지닌 아름다운 자태와 빛깔과 향기 때문일 것이다.

우리집 화단에는 갖가지 꽃들이 철마다 다르게 피어난다. 봄이 되면 칙칙했던 갈색의 꽃밭은 온통 초록으로 변한다. 초록이 농밀하게 익어가면 하나씩 하나씩 꽃망울을 매달기 시작하여 여름이 되기가 무섭게 여러 빛깔로 꽃이 무성하게 피어난다.

머리에 잔설을 이고 있던 설중매는 여인들이 속살을 드러내듯 청초한 꽃망울을 살짝 드러내고 사람들의 가슴을 설레게 한다. 백매화 홍매화 그리고 자매화가 특유의 자태를 뽐내고 자랑한다. 수 많은 전설을 간직한 동백은 내 키보다 훨씬 높이 서서 의연한 자태를 자랑하듯 꽃망울을 터뜨리기 시작하면서 오랫동안 크고 작은 가지마다 수백 개의 붉은 꽃송이를 주렁주렁 달아매고 화단의 왕으로 군림한다. 철쭉류는 색깔별로 보라색 짙붉은색 갈색 흰색 등으로 1 · 2주 간격을 두고 핀다. 백목련 자목련 모란 살구꽃이 서로 시샘을 하며 앞다퉈 피며 화사함을 자랑한다. 그뿐인가? 다년생으로 그 탐스럽고 아름다운 작약이며 접시꽃 등 수없이 널려 있다. 처마 밑에 십여 개의 화분이 한가로이 서 있어 대조를 이룬다.

나는 무엇이 그리도 바쁜지 예나 지금이나 밖에서 생활하는 시간이 더 많다. 고희를 바라보는 아내는 날마다 꽃 가꾸는 재미를 낙으로 삼고 지낸다. 천성이 정서적으로 나보다는 훨씬 앞서가는 생활태도의 소유자다.

나는 현직에 있을 때나 정년퇴직을 한 후에나 한 달에 2~3회씩 고향에 계신 부모님을 뵈러 간다. 인사를 드린 후에는 반듯이 '영산홍'에게 가서 그 동안의 안녕을 묻는다. 매월 되풀이되는 일에 영산홍도 알아차리고 반겨 맞는다. 정말 친숙하고 신통한 일이다. 화단에는 철쭉류를 비롯하여 백목련 자목련 설토화 모란 장미 등 여러 가지 꽃나무가 있다. 나는 조경 솜씨가 없어 대충 가꿨지만 '영산홍'만은 주위에 말뚝을 박고 금줄을 쳐 함부로 손을 대지 못하도록 하고 있다. 주위의 나무들은 평소 본척만척하고 유독 영산홍만은 신경을 쓰고 있음으로 그 옆의 나무들이 부러움이나 시기를 하는 것만 같다.

영산홍映山紅은 진달래 과에 속하는 꽃[淡紅色]으로 우리 고장에서는 예부터 선비의 집 화단에만 대개 심어져 있었으며 생명력이 약해서 재배하기가 어렵고 귀한 나무다. 꽃이 만발할 때는 산을 비춘映山다는 뜻이 담긴 꽃이다. 특히 옛날에는 시인 묵객들로부터 크게 호평을 받던 나무이기도 하다.

우리 아버님은 전통적 유교사상을 숭상하는 선비로서 평소 인자하고 꽃을 사랑하는 품성을 가지셨다. 6년 전 세상을 떠나시면서 유언까지 하셨다.

지난 해 봄 나는 늦깎이로 문단에 등단할 당시 당선 소감으로 영산홍에 대한 글을 다음과 같이 쓴 적이 있다.

'당선 소감을 쓰고 있으니 5년 전에 세상을 떠나신 아버님이 영산홍을 가꾸시던 일이 생각납니다. 정원에 세 그루의 영산홍을 가꾸셨는데 정성을 쏟으셨지만 가꾸기에 까다로운 나무라 두 그루는 실패하고 한 그루만 남아 당신의 아기처럼 애지중지 사랑을 쏟으셨습니다. 오죽하셨으면 자식들에게 잘 가꾸라는 유언까지 하셨을까?

영산홍은 4월경 담홍색의 꽃이 짙은 향기를 뿜으며 온 산에 아름답게 핌으로 보는 이의 마음을 즐겁게 해 줍니다. 이렇듯 혼을 쏟아 가꾸어 놓은 영산홍은 다른 꽃과는 비교할 수 없는 고상한 미와 향이 발산되듯이 영산홍을 가꾸는 마음으로 혼을 다하여 창작에 노력하려고 다짐합니다.'라고….

특히 자애심慈愛心이 많은 우리 어머님께서는 이렇듯 자식이 끔찍이 사랑하는 그 영산홍을 아침 저녁으로 살펴보신다. 가끔 고향집에 가면 아내 자식들과 며느리 손자들, 모두 이 나무를 특별한 관심과 사랑으로 어루만진다. 우리 가족 모두의 사랑으로 귀한 대접을 받는 나무다. 지하에 계신 우리 아버님도 내 가족들이 이렇게 영산홍에 대해 애정을 쏟는 것을 보면 영혼이라도 반기실 것이다.

꽃이 만발할 때 한참 들여다보면 그 꽃에 도취되어 내 얼굴의 주름이 펴지는 것 같다. 잘 가꾸어진 정원이나 조경사의 솜씨로 단장한 화단은 멋진 조경에 가리어 꽃의 아름다움을 잃을 수 있다. 그러나 자연스럽고 수수한 화단에 우뚝 솟은 영산홍은 한껏 돋보인다. 나는 '꽃 중의 꽃 영산홍'을 영원무궁토록 사랑하고 또 사랑할 것이다. 돌아가신 아버님을 그리워하듯이.

목련 100가지

봄이 오면 목련은 소복단장하고 누구를 기다리는가?

우리나라는 사계절이 분명하다. 그 계절에 따라 산과 들이 아름다운 색으로 변하기 때문에 우리나라의 산하를 일컬어 금수강산이라 했다.

백설이 세상을 뒤덮고 삭풍이 몰아치는 겨울철을 하얀색이라고 한다면 오지랖을 풀게 하고 아지랑이가 아롱거리며 온갖 봄꽃들이 피기 시작한 봄철은 무슨 색이라고 해야 할까?

앞산은 아직도 잔설이 남아 있고 체감온도 또한 추운 기온인데, 산골짜기에서 졸졸졸 시냇물이 봄을 알리면, 버들강아지는 소스라치듯 놀라 보송보송한 솜털을 곧추세운다. 이때쯤이 되면 으레 하늬바람에서 높새바람으로 계절풍의 방향도 바뀌기 시작한다.

머리에 잔설을 이고 있던 설중매는 여인들이 속살을 드러내듯 청초한 꽃망울을 살짝 드러내고 사람들의 가슴을 설레게 한다. 백매화 홍매화 그리고 자매화가 특유의 자태를 뽐내기 시작하고 벚꽃들도 따라서 활짝 피어 화사함을 자랑한다.

앙증맞은 산수유가 꽃망울을 터트리고 개나리가 뒤를 이어 피기 시작하면 커다란 백목련과 자목련도 의연한 자태로 꽃망울을 내밀며 춘곤증에 나른해진 길손들의 발길을 잠시 붙들기도 한다.

종달새가 노래하는 길섶에는 으레 개나리 진달래가 한들거리고 연홍빛 철쭉이 봄의 한 나절을 장식하면, 하얀 철쭉도 시샘하며 끼어든다. 우리 집 화단에는 철쭉류를 비롯하여 동백 장미 영산홍 후박 배 사과 복숭아 살구꽃 백목련 자목련 등 여러 종류가 있지만 화신花信을 알리는 것은 역시 목련이다.

그래서 나는 4월이 오면 목련꽃이 필 때를 기다리게 되었고, 유난히도 그것에 내 마음과 눈길을 빼앗긴다, 백목련은 백옥 같은 순백의 빛깔로 모습을 드러내며 봄꽃의 제왕으로 폼을 잡는다.

나는 아침 저녁으로 뜨락의 목련을 유심히 바라보며 청순함을 느낀다. 요즘 사회의 오염된 사건사고들이 날이 갈수록 늘어만 가는 것과는 상관없이 순백순결純白純潔의 의연한 자태에 다시 한 번 우러러본다. 사람들은 아름다운 여자를 꽃 같은 여자라고 말하는데 꽃은 아름다움의 대표적 상징물이라 할 수 있다.

술을 좋아하는 나는 어느 날 친구 집 잔치에 초청받아 풍성하게 장만한 음식과 좋은 술에 약간 취해 밤에 돌아왔다. 마당의 백목련에 도취되어 꽃가지를 붙잡고 바라보니 시를 모르는 나도

취흥에 시심이 일어 "달밤에 소복단장하고 누구를 기다리고 서 있는가?"라고 혼자 중얼거린 적이 있다.

목련은 그 유래 또한 애달프기 짝이 없다. 하늘나라에 한 공주가 있었다. 그녀는 무서운 북쪽 바다 신을 혼자서 연모해 오다가 그를 만나러 어느 날 궁을 몰래 빠져나간다. 그토록 꿈에 그리던 임을 찾아와 보니 바다 신은 이미 결혼한 몸이라는 것을 알게 된다. 그녀는 자신의 사랑이 헛된 것임을 알고 슬픔을 이기지 못해 스스로 바다에 몸을 던져 죽고 만다.

나중에야 바다 신이 그것을 알고 안타까운 마음에 그녀의 시체를 건져 땅에 묻어 준다. 그 후 하늘나라 왕이 그 넋을 위로하여 무덤에서 흰 꽃을 피게 하였는데 이것이 바로 백목련이다. 자목련紫木蓮은 바다 신의 부인이 공주의 애틋한 사랑에 감탄한 나머지 자신마저 뒤따라 목숨을 내던진다. 그러자 부인의 무덤에서 자색의 꽃이 피기 시작했는데 바로 이것이 자목련이다.

목련은 목련과科 식물로 전 세계적으로 100여 종류가 있다. 우리나라에는 백목련 자목련 함박꽃 등 10여 종이 있는데 총칭 목련이라고 한다. 또 다른 이름으로는 두란杜蘭, 목란木蘭, 목필木筆, 영춘화迎春化 등의 다양한 종류의 이름이 있다.

다른 꽃에 비해 꽃송이가 커서 풍성하고 귀족다운 기품이 있어 함부로 대할 수 없는 꽃이다. 그러나 귀태와 미태를 자랑하는 목련꽃도 화무십일홍, 미인박명花無十日紅과 美人薄命이란 말이 따로 없다. 어젯밤 비에 꽃 중의 왕이라는 말이 무색할 정도로 그 기품 있고 우아하던 목련의 모습은 오간 데 없다. 떨어진 꽃잎이 함박눈처럼 수북이 쌓였다.

이제 여름에는 짙푸른 옷으로 갈아입고 젊음을 자랑할 것이고 가을에는 황금빛 의상으로 황홀한 무대에 오르리라. 겨울에는 3계절의 사치스런 옷을 활활 벗고 의연한 자세로 봄을 기다릴 것이다.

다시 봄이 오면 목련은 소복단장을 하고 또 나를 반겨 맞아줄 것이다. 새봄이 기다려진다.

(2002. 3. 30.)

나라꽃 무궁화

오늘은 광복 63주년이 되는 날. 해마다 이날이 되면 나는 독립투사들을 생각하고, 나라꽃 무궁화의 의미를 되새겨보곤 한다. 언제나 광복절 무렵이면 무궁화꽃이 활짝 핀다. 무궁화가 만발할 때면 유년 시절의 추억들이 주마등처럼 떠오른다.

고향집은 안채와 사랑채가 ㄱ자 방향으로 앉혀 있다. 그런데 건물과 건물 사이에는 무궁화로 울타리를 치고 중문中門을 달았다. 유교를 숭상하는 집안이라 안채와 사랑채 사이에 중문까지 달고 살았던 것이다.

일제의 탄압이 극에 달했던 때였다. 아버지께서는 나무를 심을만한 곳에는 모두 무궁화를 심으셨다. 나라꽃을 사랑하는 정성이 지극하신 까닭이다. 특히 큰아버지께서는 독립군자금을 모아 만주를 왕래하며 독립운동단체에 전달하기도 하였다. 그리하여 가세는 기울었고, 그 소문이 퍼져 일본의 경찰로부터 주목을 받기도 했었다.

주재소 순경들은 수시로 찾아와 독성이 많은 무궁화를 왜 이렇게 많이 심었느냐며 캐내라고 권하기도 했다. 그러다 해방이 되자 우리 집의 무궁화나무도 그 핍박에서 해방이 되었다. 그 무궁화를 애지중지 심고 가꾸던 아버지는 10여 년 전 87세에 세상을 뜨셨다. 아버지 생전에 심은 그 무궁화나무가 7~80성상을 살아오는 동안 고목이 되었지만, 그 꽃은 나를 알아보는지 고향집을 찾아가면 방긋방긋 웃으며 반겨준다.

어린 시절 무궁화꽃이 흐드러지게 피면 그 탐스러운 무궁화를 갖고 싶었지만 어른들은 손도 대지 못하게 하였다. 나라를 빼앗아 간 일본인들은 그 무궁화꽃을 모두 뽑아버리거나 불을 질러버렸다. 또 그들은 무궁화를 쳐다보면 독성이 번져 죽을 수도 있다고 겁을 주었다. 악의적이고 부정적인 이미지로 덧씌우기를 자행했던 것이다.

그들은 무궁화를 우리 국민들과 멀어지게 하려고 온갖 박해를 다 동원했다. 그처럼 일본인들이 무궁화를 아무리 탄압해도 우리 국민들은 무궁화를 심고 또 심었다. 무궁화는 우리 겨레의 삶과 애환을 함께한 꽃이기 때문이었다.

나라꽃을 사랑한 한서 남궁억 선생에 대한 이야기를 아버지로부터 들은 적이 있다. 구한말 독립 운동가요 언론인이며 교육자이던 남궁억 선생은 무궁화를 통한 조국광복운동을 펼치다가 일본 경찰에게 발각되었다.

남궁억 선생은 귀중하게 가꾸고 보급하던 무궁화나무 7천여 그루를 모두 소각당하기도 했다. '무궁화동산'이라는 노래를 지어 학생들에게 가르쳤으며, 벚나무는 활짝 피었다가 지지만 무궁화는 연면히 피며 영원할 것이라고 역설했다.

남궁억 선생은 그 사건으로 투옥되어 감옥에서 옥사하지 않았던가! 그 '무궁화 사건'으로 인해 무궁화는 나라의 꽃으로 확고히 자리매김하게 된 것이다. 하지만 무궁화를 화단에 심지도 않는 등 무궁화를 업신여기는 사람이 없지 않아 안타깝다.

우리나라에서는 유독 벚꽃잔치가 많은데 그것은 일본사람들이 무궁화를 뽑아내고 그 자리에 벚나무를 심었기 때문이다. 일본인들이 많이 살던 곳이나, 이순신 장군의 대첩지였던 진해에서도 해마다 벚꽃잔치가 크게 열리는 이상야릇한 일들이 일어나고 있다. 나라사랑 무궁화사랑을 주창하다가 목숨까지 바친 애국지사들에게는 정말 부끄러운 일이 아닐 수 없다.

그러나 우리 고장에는 무궁화를 사랑하는 분들이 많다. 젊은 임정엽 완주군수는 얼마 전 무궁화테마식물원을 조성할 계획이라고 발표해 우리의 관심을 끌었다. 13만㎡ 부지에 무궁화 육종포를 설치하고, 무궁화 품종 180종 2만 7천 본을 심는 무궁화테마식물원 및 전시관을 조성하여 국내 제일의 생태관광지로 가꿀 것이라고 한다. 우리 모두 박수를 보낼 일이다.

또 김제 출신의 '무궁화 화가' 향곡 김진술 씨는 24년 동안 무궁화 그림 6백여 점을 그렸다고 한다. 평소 꽃을 소재로 많은 그림을 그려온 김 화백은 화폭에 무궁화를 담을 정도로 무궁화에 대해 깊은 애정을 쏟고 있다.

우리 겨레와 함께 수난을 겪어 온 나라꽃 무궁화를 더욱 사랑하고 잘 가꾸어서 우리 후손들에게도 애국 애족의 마음을 길이길이 전해주면 좋겠다.

(2008. 8. 15.)

나무도 아닌 것이 풀도 아닌 것이

우리 집은 대나무 집이다. 대나무는 언제 보아도 생동감이 넘치는 식물이다.

변산에서 두 번째 높다는 삼예봉 줄기, 높은 산 아래 깊숙한 골짜기 청림마을이다. 유년 시절 40여 세대가 살고 있었지만 대나무 밭이 있는 집이 몇 집 있었는데 우리 집의 대나무밭이 제일 넓고 컸었다. 뒤란의 대밭 뒤에는 푸른 산이 있고 울울창창한 삼림이 펼쳐져 있었다.

뒷산에 올라 사방을 바라보면 숲 사이로 파란 하늘도 보였다. 숲속에서 친구들과 놀면서 많은 생각을 했었다. 한 줄기의 소나기가 지나가고 나면 언덕을 가로질러 동편 하늘에 쌍무지개가 걸렸다. 그 무지개를 바라보며 꿈을 키우던 어린 시절이 그리워진다. 그때 나는 그 무지개에 꿈을 싣고 어디로든 훌쩍 떠나고 싶은 충동에 사로잡히곤 했다. 레몬빛 노을이 보랏빛으로 물들면 석양 속의 숲들은 찬연히 빛났고 빗방울들은 나뭇잎 위에서 미끄럼을 타기도 했다.

특히 고향하면 정감이 있고 대나무에 대한 추억이 주마등처럼 떠오른다.

무엇보다도 대밭의 묘미는 죽순竹筍에 있다. 묵은 잎을 제치고 올라오는 어린 싹 곁에서 나의 희망도 함께 자랐다. 어른들은 그 대나무를 베어내어 생활도구를 만들고, 아이들은 가늘게 켠 대나무 살로 연을 만들어 날렸다. 하나의 죽순이 돋아 견고한 결을 세우기까지 얼마나 많은 비바람과 싸워내야 하는가를 나는 그땐 몰랐었다. 옹골찬 모습으로 대나무가 제 꼴을 갖추기까지 대나무의 속살 말라붙는 소리를 들었을 리가 없다.

사회에서 흔히 말하기를 성격이 곧은 사람을 '대쪽' 같다고 한다. 상황에 굴하지 않고 어떤 일에 소신을 밝힐 줄 아는 사람의 기개를 일컫는 말이다. 그래서 자칫 교만스럽게 비칠 수도 있다. 역사를 돌아보면 옳은 말하다가 목숨을 잃은 사람이 한둘이 아니다. 바로 조선시대의 '조광조趙光祖' 같은 분은 대쪽의 표본이라 할 만하다.

불의를 보고 참지 못하여 바른 정치를 외치다가 목숨을 잃기는 했지만, 그 분의 기개는 오늘날까지도 역사의 귀감이 되어 회자된다. 그러나 요즘은 절개의 상징인 대쪽의 의미마저 흐려져 가는 것 같아 안타깝다. 옳은 말을 하는 사람은 융통성 없는 사람으로 전락하여 사회에서 차츰 설자리를 잃어간다.

올곧은 사람을 생각하면 대나무가 생각나고 따라서 죽순竹筍이 떠오른다. 옛날 우리 집에선 대밭을 모시밭, 감나무(竹·苧·柿)밭과 더불어 생금生金밭 또는 생재生財밭이라고 불렀다. 한 번 심어 놓으면 크게 일손 들이지 않아도 철따라 봄에는 대나무, 여름에는 모시, 가을에는 감으로 상당한 수확을 할 수 있었기 때문이었다. 그런데 철없는 시절에 동네 아이들과 봄철 죽순이 한참 솟아날 시기에 대나무밭에서 김영순, 진재봉 등 5~6명의 친구들과 말달리기 놀이를 하느라 1년 농사를 망친 적이 있었다. 그때 엄하신 아버님 앞에 종아리를 걷어 올리고 매를 맞던 추억이 아련히 떠오른다.

지난 해 봄 국립전주박물관의 문화유산 대학에 수강한 적이 있다. 첫 강의부터 시작하여 연3일간 대나무에 관한 내용으로 최승범崔勝範 교수의 강의가 이어셨다. 고대부터 현대에 이르기까지의 문헌상 대나무가 등장하는 이야기와 사람살이의 정신적인 면과 결부시켜 볼 수 있는 최초의 설화 죽엽군, 만파식적, 죽통미녀 등을 비롯하여 실생활의 혜택 등 다양한 내용을 배울 수 있었다. 나는 그때 선인들의 지혜에 감명을 받았다.

또한 박물관에서는 2002(FIFA)한일 월드컵 전주 개최를 맞아 이를 기념하고 성공적인 문화축전을 기원하는 특별전시회를 개최하기도 했다. '우리 문화 속의 대나무'를 종합적으로 살펴봄으로써 대나무 문화의 독창성과 우수성을 세계만방에 인식시키는 좋은 계기가 되었었다. '백자중문절형병'과 이정의 '통죽도' 등 선인들의 정신세계와 생활문화를 관찰할 수 있는 유물 300점이 전시되었다.

문학작품으로는 이인로의 〈죽취일이죽〉, 이곡의 〈죽부인〉, 윤선도의 〈오우가〉 등이 대표작이라고 했다. 나는 대나무 유물 수가 그렇게 많은 줄 처음 알았다.

금년 봄에는 대나무로 가장 유명한 담양으로 문화기행을 간 적이 있다. 담양은 가사문학관, 소쇄원 등 많은 문화유적이 어우러진 곳이다. 그 중에서도 담양하면 제일 먼저 생각나는 곳은 대나무 숲과 죽물박물관이다. 그 넓은 박물관에는 이름 모를 죽물들이 어지럽게 전시되어 있었다. 500여 종 2,400여 점이 전시되어 있다는 안내자의 설명이었다. 고대의 작품에서 현대에 이르기까지 그렇게 많은 줄을 미처 몰랐다. 그것은 놀라움이자 기쁨이었으며, 그 동안 우리 것에 무관심했던 데 대한 부끄러움이기도 했다.

예로부터 어머니가 돌아가시면 오동나무 상장喪杖을 짚고 아버지가 돌아가시면 대나무 상장을 짚었다. 대나무는 사시장철 푸름이 변치 않으므로 돌아가신 아버지에 대한 효심이 평생 변함이 없다는 뜻으로 대나무 상장을 짚었던 것이다. 대나무에 대하여 생각을 모으다 보니 선인의 시 한 구절이 떠오른다.

> 나무도 아닌 것이 풀도 아닌 것이
> 곧기는 뉘 시기며 속은 어이 비었는가
> 저렇게 사시에 푸르니 그를 좋아하노라

그렇다. 나무도 아닌 것이 풀도 아닌 것이 바로 대나무다.

올곧은 선비의 기상을 지닌 대나무야말로 말없이 우리에게 큰 가르침과 깨달음을 준다. 대나무는 무언의 스승이다. 고향 옛집 뒤란의 대나무를 옮겨 올 수는 없을지라도 대나무 분재 하나쯤 마련하여 서재에 들여놓고 아침 저녁으로 눈을 맞추며 가르침을 받아야 하려니 싶다.

(2002. 12. 18.)

제2부

비에 얽힌 초록빛 추억

천리포 수목원

희귀한 수목원을 찾아 나섰다. 그날 태양도 수줍은 듯 구름으로 살짝 얼굴을 가리고 있었다. 매월 둘째 주 수요일은 우리문화유산사랑회가 문화유산 탐사를 가는 날이다. 달마다 치르는 행사지만 그 전날은 언제나 설레는 마음을 억제할 수가 없다.

여행은 삶의 한 부분이다. 여행이 인간의 삶에 주는 일차적 의미는 권태로운 일상으로부터 벗어나는 즐거움에 있을 것이다. 여행이 주는 이러한 즐거움은 감성의 해방감에서 비롯되는 듯싶다.

들녘의 곡식이 알차게 영그는 소리가 들리는 듯싶고, 길가의 코스모스는 우리를 환영하며 춤을 추고 있다. 한로寒露절기라 초가을의 기후답게 여행하기엔 더없이 좋은 계절이다. 관광버스 한 대를 꽉 메운 일행은 목적지인 천리포 수목원에 도착했다.

A · B 반으로 나뉘어 해설사의 환영인사와 더불어 안내를 받았

다. 우리나라 수목원은 여기저기 수없이 많다. 그런데 이곳은 타 지역의 수목원과 다른 점이 많다.

약 20만 평으로 넓게 조성된 이 수목원에는 수목류樹木類와 초화류草花類 등 10,500개 이상의 종류가 있다. 그 중 일부 자생식물을 제외하고 거의 외국산이라는 점이 특이하다. 국내 유일의 세계적 수목원이라 할 수 있다.

참 기이하게 생긴 나무가 많다. 더운 날씨에 한 열흘이나 굶주려 힘없이 서 있는 사람처럼 또는 기형아처럼 나뭇가지가 땅을 향하여 축 늘어져 서 있는 나무도 있다. 그와 반대로 나뭇가지가 하늘을 찌를 듯 위로만 곧게 뻗은 나무도 있다. 형형 색색으로 다양하다.

그 미모의 여성해설사가 열심히 안내하던 중 화초류 밭의 언덕에 도착했을 때다. 다른 식물에 대해서는 열변을 토하며 설명을 하더니 거기서는 많은 관광객들에게 평가를 하라고 했다. 그리고 독성이 많은 식물이므로 손대지 말라는 말만 되풀이하고 서 있었다. 흡사恰似 건장한 남성의 성기 모양이어서 그 해설사도 수줍은 듯 그런 태도를 취한 듯싶다. 우리 회원 중 한 사람은 대부분 남성들의 선망羨望의 대상이라고 하며 나름대로 해석하고 한바탕 웃음꽃을 피우며 즐거운 시간을 가졌다.

뿐만 아니다. 기린의 목보다 목을 길게 뺀 나무 · 가지가 하늘로 솟은 나무 · 옆으로만 퍼진 나무 · 8자 걸음 모양을 한 나무 · 난쟁이나무 · 가시가 많아 올라갈 수 없는 나무 · 향이 너무 짙어 야생사향노루 향보다 더 짙은 나무 · 우리 고장에 요즘 많이 식재되어 있는 꽃, 밤에는 흰눈이 소복소복 내린 것처럼 눈송이 같은 일명 설악초라 부르는 유포르비아 마르기나타(Euphorbia marg-inata) 등 다양하기도 했다.

우리 집의 정원에는 천연기념물 4~5종이 있다. 비슷한 나무도 거기에 있었다. 고향집 정원에 간 것 같은 착각 속에 정말 반갑고 정겨웠다.

미국에서 태어나 70년대 한국에 귀화한 민병갈이란 사람이 설립한 수목원이다. 서해바다의 유명한 해수욕장인 만리포 · 천리포 · 백리포 · 십리포해수욕장 중간 지점에 위치한 천리포 해수욕장과 이웃하였다. 바다를 끼고 있어 소음공해가 없고 기후 풍토가 잘 맞아 자연환경이 정말 적지라는 해설사의 설명이었다.

입장료가 일금 1만 원씩이나 돼서 처음에는 모두들 부담스럽게 생각했지만 숲이 선사하는 볼거리와 청량감은 그 몇 배나 많은 것 같다. 이렇게 많은 종류의 나무를 보유한 수목원이니 식물의 보고寶庫라 여겨진다.

숲은 인간의 귀의처일 뿐 아니라 인간에게 생기와 의욕을 불러 일으켜 주기도 한다. 숲은 항상 아름답고 고마운 우리의 친구가 되어 주기도 한다.

관람을 마친 후 우리 일행은 천리포 해안의 횟집으로 자리를 옮겼다. 예부터 깨가 서 말 들어 있다는 설과 집나간 며느리가 전어 굽는 냄새를 못 잊어 돌아온다는 속설을 지닌 전어 횟집이었다.

오늘 하루 관람을 하던 중 겪은 희귀한 일들과 수목원에서 본 성기 모양의 식물이야기 등으로 전어회와 술잔을 주고받으며 즐거운 시간을 가졌다. 확 트인 천리포 해수욕장을 벗삼아 마시는 술맛 또한 이만저만이 아니었다.

취흥이 도도한 가운데 천리포 낙조는 붉고 붉은 빛으로 장관을 이룬다. 바다 물새들은 각각 짝을 찾아 집으로 돌아간다. 나도 내년 봄 꽃이 만발한 천리포 수목원을 다시 찾아 아내에게 사랑을 속삭여야겠다.

(2006. 9. 30.)

부안댐 물이 한 바퀴 돌면

내 고향 청림靑林은 부안댐 상수원 보호구역이다. 물이 어찌나 맑은지 전국에서 수질이 최고로 좋아 1급수 중 특1급수라고 한다. 정말 자랑스럽다. 상수원 보호구역 내 주민 세대 수와 인구도 그리 많지 않다. 공장이나 가축 등 일체의 오염행위를 하지 않는다. 또한 환경 감시원들의 철저한 감시로 수질은 더 없이 맑아 그냥 떠 마셔도 될 듯싶다.

우리 가족들은 가끔 부안댐을 찾는다. 고향집과 전답도 둘러볼 겸 그곳 청림을 찾는다. 장마가 끝날 무렵이라 물은 댐에 가득하다. 댐 둑으로 넘치는 물을 보면 우리네 마음은 풍요롭고 평화롭다. 댐을 한 바퀴 빙 둘러보며 우리 가족들은 옛날 댐 안의 주택과 버스길이 물 속에 잠긴 이야기를 나누며 그 때를 회상한다. 댐 조성으로 인하여 그 안에 살던 주민들은 정든 고향을 비워주고 지금 어디에서 무엇을 하며 살고 있을까?

그 맑은 물을 물끄러미 바라보며 많은 생각을 했다. 우리 인간이 태어나서 맨 처음 물을 의미 있게 보았다면 아마도 어머니의 정화수井華水가 아닐까. 모두가 잠든 이른 새벽에 맑은 샘물을 길어와 하얀 백자그릇에 담아놓고 중얼중얼 비손을 했다. 그것은 생명을 길러낸 모성의 양수처럼 성스럽고 신비해 보였다. 가족들이 아프거나 가장이 출타하는 날, 햇곡식을 수확하는 날, 아들을 전쟁터에 보낸 후에는 날마다 새벽이슬을 맞으며 샘물을 퍼다 날랐다. 어머니 등뒤에서 훔쳐보던 물 한 그릇, 그것은 진실로 아름다운 사랑과 염원이었다.

물의 철학자 플라톤은 물은 만물의 근원이요 도道라고 하지 않았던가. 어머니에게 물은 그냥 물이 아니라 신과의 교감을 갈망하는 하나의 신앙이었는지 모른다. 천지만물이 물로써 성장하고 사람의 존재까지 모체의 양수를 통해 탄생하니 그런 믿음을 갖는 것도 무리는 아닐 성싶다.

물 한 잔에 기원을 빌던 어머니와 달리 사람과 사람 사이를 이어주는 한 잔의 차를 사랑한다. 정겨운 친구끼리 마주앉아 한 잔 술을 건네며 세상 시름 벗어두고 이런저런 넋두리에 함께 울어도 좋을 술도 사랑한다. 넘치면 나누어 베풀고 모자라면 스스럼없이 채워가며 평등하게 사는 것이 물의 매력이며 철학이리라.

한 방울의 옹달샘이 내川가 되고 강이 되어 넓은 바다로 흘러간다. 그 과정은 우리네 인생역정과도 같다. 물은 돌밭 사이를 비집고 흐르는 냇물이 치기어린 십대라면, 소리 없이 우아하게 흐르는 강물은 인생의 중년이라 하겠다. 알콩달콩 사랑하고 자식 낳고 울타리 다독이며 식솔을 거느리는 성숙한 중년, 기쁨도 서러움도 안으로 삭이며 끝없이 베푸는 어머니 품이라 여겨진다.

옛날에는 산골짜기 물을 마음놓고 마셨고, 소 발자국 물도 마셨다고 한다. 지금은 오염이 심하여 수돗물도 마음놓고 먹을 수 없는 세상에서 살고 있다. 그러나 부안댐의 물은 살아 있는 물이라 할 수 있다. 부안군민은 물론 고창군민까지 식수로 사용하니 정말 보람된 일이다.

댐 상류의 상수원 보호구역 주민들의 재산권은 완전히 묶여있다. 집을 짓거나 축산업, 공장건립 등 수질오염 행위는 할 수 없기 때문에 재산권 행사를 제대로 하지 못한다. 그 댐 물의 혜택을 받는 모든 사람들은 그 지역 주민들에게 항상 감사하고 고맙게 생각해야 한다.

예부터 우리나라는 산수가 아름다워 금수강산이라 했다. 산하가 아름다워 붙여진 이름이다. 산에 수풀이 우거져서 계절마다 아름다운 색으로 옷을 갈아입고 넓은 들엔 풍성하게 자란 곡식들이 알알이 익어간다. 그래서 외국에 다녀온 사람이면 우리나라는 온 국토가 공원 같다고 한다. 과연 그렇다. 변산반도 국립공원의 산하와 댐의 풍경은 경승景勝이라 할 만하다.

물은 순리를 좋아한다. 물은 남의 더러운 것을 씻어줄지언정 남을 더럽히지는 않는다. 그것은 물의 본성 덕이다.

주민들은 수질을 보호하여 다른 이에게 청정수를 마시게 하였다. 그런데 그 지역 주민들은 그 물을 마시지 못하고 지하수로만 식수를 이용하였다. 정말 불공평한 일이다. 이제는 부안댐의 물이 한 바퀴를 돌아서 나온 곳으로 돌아왔다. 수도공사를 마치고 올해 가을부터는 수돗물의 혜택을 받게 되었다. 생명의 시원始原이라 할 수 있는 물, 부안댐의 수질은 영원무궁토록 특1급수로 유지되기를 바라마지 않는다.

(2007. 7. 22.)

물처럼 살고 싶다

물은 생명의 근원이다. 인간의 몸은 70% 이상이 물로 구성되어 있고, 단 하루라도 물 없이는 살아갈 수 없는 존재가 인간이다. 물이 없으면 사람은 물론이고 이 세상 어떤 생물도 존재할 수 없다.

올 여름은 기상 이변으로 많은 사람들이 심한 물난리를 겪었다. 장마가 끝났는가 싶었는데 내일도 지역적으로 태풍을 동반한 집중호우가 내릴 것이라고 기상청은 예보했다. 지난 번 폭우 때문에 많은 인명과 재산을 잃은 수재민의 상처가 아물지도 않은 상황이고, 수해를 완전 복구하려면 많은 재정과 인력이 필요한 실정이다. 수재현장의 뉴스를 접할 때마다 역지사지易地思之하여 본다. 그 얼마나 고충이 많겠는가.

나는 여름 장마가 한창일 때 고향을 찾았다. 고향마을이 산 속 깊숙한 곳에 있는데 청림천이 범람하여 냇가 둑이 무너지고 논과

밭이 떠내려가 앙상한 자갈밭으로 변하였다. 정말 참담한 현장이었다. 크고 작은 수해를 입은 집이 한둘이 아니었다. 우리 집의 오가피농장도 약간의 피해는 있었지만 다른 농가에 비하면 별게 아니었다. 예부터 오가피 한 그루가 한 사람의 건강을 지켜준다고 했다. 그러니까 만 그루의 오가피를 심었으니 나는 일만 명의 건강 지킴이가 된 셈이다. 이번 장마에 무사한 오가피를 보며 정말 자선이나 베푼 듯 괜스레 마음이 들뜨기도 했다.

냇물이 둑을 넘쳐 급류로 흘러가고 있다. 그 물을 바라보고 있노라니 옛날 가뭄의 추억이 주마등처럼 떠오른다. 수리시설이 전혀 되지 못한 때였다. 6 · 25를 당하여 우리 가족은 고모님 댁으로 피난을 갔다. 난중이라 인심도 각박한 때였다. 피난민을 수용하는 고모님은 정말 훌륭하고 고마우신 분이었다. 조모님과 부모님 우리 4남매 모두 일곱 식구가 난을 피하여 고모님 댁으로 피난을 간 것이다.

그 이듬해 가뭄은 60년 만에 처음이라고 하였다. 부안에서 제일 넓은 들녘은 삼간三干평야다. 그 넓은 들녘에 푸른색은 없고 삭막한 흰 색깔의 논이 하늘만 쳐다보며 한숨짓고 있었다. 피난생활도 어려운데 큰 흉년까지 겹쳤으니 그 삶이 얼마나 어려웠겠는가. 이런 경우를 보고 설상가상이란 말이 적합한 표현이리라. 세상은 고르지 못하다. 이번처럼 흔한 비가 그 때 한 번만 내려주었더라면 흉년이나 굶주림도 면했을 것 아니겠는가. 정말 아쉽고 원망스럽기 그지없는 일이다.

세상은 많이 변했다. 천문 지리 과학문명 정치 경제 사회 문화 교육 풍속 심지어는 사람들의 인심까지 변하지 않은 것이 거의 없다. 특히 수리시설이 잘 되어 봄에 비가 오지 않아도 골짜기 논까지 모를 심지 못하는 큰 걱정은 없게 됐다.

또한 지구촌 곳곳에 이상기후 현상이 나타나 변화되고 있다. 폭설이 내려 많은 사람을 아사지경에 몰아넣고 큰 홍수가 나서 재난을 주고 있다. 또 어떤 곳에서는 가뭄이 계속되어 대형 화재며 질병이 번지고 있다. 삶의 터전이 사막으로 변하여 인간의 삶을 위협하고 있다.

물은 순리를 좋아한다. 물은 높은 곳에서 낮은 곳으로 흐른다. 흐르다가 웅덩이가 있으면 가득 채우고 서둘지 않고 흐른다. 장애물이 있으면 돌아서 흐른다. 아무리 바쁘더라도 훌쩍 뛰어넘거나 속임수를 써서 순리를 무시하지 않는다. 언제나 질서 있고 여유 있으며 유유하다. 서로 앞서 가겠다고 시샘하지도 않는다.

그런데 물 분쟁이 심상치가 않다. 20세기가 석유로 인한 분쟁이었다면 21세기는 물 분쟁이 일어날 것이란 우려는 곳곳에서 현실로 나타나고 있다. 지금 세계 인구의 40%가 식수부족으로 고통받고 있다는 뉴스가 있다. 날이 갈수록 인구가 팽창하고 공업화가 가속화된다면 물 분쟁은 더욱 심화되리라.

그런데 우리 사회에서 물을 우습게 여기는 사람도 없지 않다. 능력이 모자라거나 뒤처리가 야무지지 못한 사람을 물 같은 사람이라 한다. 전직 대통령이었던 한 분의 국정운영이 느슨하다고 물 대통령이라 비난하던 때가 있었다. 무능의 상징적 언어로 물을 비유하기도 한다. 사기당한 것을 물먹었다고 하고 저력도 없고 야무지지도 못한 사람을 물콩 혹은 물통이라 한다. 물에 대하여 비아냥거리는 경우가 수없이 많다.

비만을 '물살', 희망이 없는 사례를 '물 건너갔다.' 옳지 못한 행동을 전염시키는 것을 '물들인다.' 라고 표현하지만 어렵고 안 되는 일을 해결하는 계기를 '물꼬를 튼다.' 라고 표현하기도 한다. 결국 물은 역시 해결사 역할도 한다는 의미이다.

물은 화합을 좋아한다. 큰 강에서 흐르는 물이거나 샛강에서 흐르는 물이나 가리지 않는다. 맑은 물과 구정물이 서로 만나더라도 시간이 가면 자정自淨능력을 발휘하여 정화된다. 남을 헐뜯고 자기만이 옳다고 이기적인 행동을 하는 우리에게 물은 무언의 가르침을 주고 있다.

물은 인간의 스승이다. 언제나 평형을 유지하고, 또 채워질 때까지 기다릴 줄도 알며, 오기를 부리지 않고 돌아갈 줄도 안다. 나는 언제나 물처럼 겸손하고 둥글둥글하게 살고 싶다.

(2005. 9. 5.)

숲, 인간의 가장 가까운 친구

숲은 전설과 사색의 샘이다. 사랑과 대화의 밀실이며 서정抒情의 원천이다. 인간은 숲에서 나서 숲과 더불어 살다가 숲으로 돌아간다. 숲은 인간의 귀의처일 뿐 아니라 인간에게 생기와 의욕意慾을 불러일으켜 주기도 한다.

뙤약볕이 내리쬐는 한여름, 생기가 넘치는 숲이 보이지 않는다면 얼마나 심신이 피로하고 삭막할 것인가? 숲이 없다면 화가는 어떻게 그림을 그리고 시인은 어떻게 시를 읊을 수 있겠는가?

봄의 새싹, 여름의 녹음, 가을의 단풍, 겨울의 설경, 그 중에서도 5월의 신록은 계절의 여왕이요 인생의 오아시스다.

하늘 높이 솟아오르는 첫 여름의 뭉게구름이나 눈부신 태양을 향해 힘차게 뻗어나는 신록은 소녀 티를 갓 벗은 처녀의 자태에 비길 만하다. 휘감길 듯한 연한 가지와 반지르르 윤기 감도는 신록의 잎새를 바라보고 있으면, 금방 말랐던 정감이 되살아난다. 때묻은 영혼마저 깨끗해지며, 시들어가던 의욕이 솟구치게 된다.

언제부터 사람이 이렇게 녹음을 좋아하게 되었을까? 태초부터였을 것이다. 특히 단군 왕검이 태백산 신단수 아래서 나라를 열었고, 모세에게 내린 불이 떨기나무 숲이고 보면, 숲은 인간의 고향이요, 역사의 요람이며, 동경의 대상이었던 게 분명하다.

숲이 우리에게 주는 낭만과 서정은 한두 가지가 아니다. 뙤약볕 아래서 구슬땀을 뻘뻘 흘리며 논밭에서 일하는 농부에게 느티나무의 그늘이 없다면 삼복 염천炎天의 불볕을 어떻게 감당할 것인가? 밭머리에 드리워진 나무 그늘이 없었던들 농부들은 힘겨움을 어찌 견디었을까? 또 마을 앞의 정자나무는 농사일에 지친 농민들에게 쉼터가 되지 않던가? 숲이 없는 동산은 산새 소리도 멎을 것이며, 노루와 산토끼의 그림자마저도 사라질 것이다.

무수한 자동차가 질주하는 도심, 빈틈없이 포장된 아스팔트, 이런 것들이 우리 정서情緖를 고갈시키지만, 촘촘히 들어선 가로수가 우거져 있어서 도시인들은 살맛을 느낀다. 여름날 우거진 플라타너스 아래서 잠시 불볕더위를 식히거나 비를 잠깐 피할 수 있다는 것은 얼마나 낭만적인가? 숲은 오늘날 공해에 시달리는 도시인들에게 천금을 주고도 바꿀 수 없는 탈공해, 인간성 회복의 선약仙藥이다. 문명이 발달할수록 숲의 가치는 더 높아질 것이다.

빈 터만 있으면 한 그루의 나무라도 더 심으려 하고, 수십 층의 옥상에 수목원을 만들며, 시간만 있으면 산으로 바다로 나가 자연에게 의탁하여 즐기려는 사람이 늘고 있는 것을 보면 알 수 있는 일이다.

숲을 예찬禮讚하다 보니 문득 오래 전 기억이 떠오른다. 옛날부터 숲은 우리 일상생활에 큰 역할을 담당해왔다. 잘 가꾸어진 숲에서 목재를 구하여 집을 짓고, 가족들이 그 집에서 오순도순 정겹게 살았다. 그뿐 아니라 숲의 산물이 주연료로 사용되기도 했었다.

1950년대 한국전쟁을 겪으면서 9·28 수복을 전후하여 모든 산은 무자비한 벌목으로 민둥산이 되었었다. 그러나 그 후 60년대 들어서면서 산림법의 강화로 우리나라 모든 산이 푸른 모습을 되찾았다. 가는 곳마다 산은 아름답고 푸른 숲으로 우거지게 되었다.

봄여름 동안 푸르름을 자랑하던 숲이 가을로 접어들면서 소나무 가지에서는 솔잎이 슬슬 떨어지고, 활엽수闊葉樹 가지에서는 가랑잎이 말없이 떨어진다. 낙엽이다. 떨어진 낙엽을 긁어모아 연료로 사용하던 그 시절, 숲이 그 얼마나 우리 인간 생활에 유익함을 주었던가? 숲은 항상 아름답고 고마운 우리의 친구가 아닐 수 없다.

이제는 석유·가스·태양열·전기·연탄 등 다양한 연료가 생산되어 나무를 땔감으로 많이 사용하지는 않는다. 그래서 그런지 옛날 사람들처럼 숲의 고마움을 절실하게 느끼지 못하는 게 요즘의 실정이다.

숲은 봄이 오면 파란 잎을 서둘러 보이면서 사람들에게 새봄의 소식을 앞다퉈 알려준다. 여름에는 푸른 숲을 이뤄 인간의 삶에 생기와 희망을 불어넣어 주고 시원한 그늘을 선사해 준다.

가을이면 빨강 노랑 형형색색 아름다운 색깔로 옷을 갈아입고,

관광객의 눈길을 끌기도 한다. 해마다 가을이면 내장산이나 설악산의 단풍을 찾는 관광객들이 얼마나 많던가? 철 따라 변하는 숲의 정경은 아름다움의 극치極致를 보여준다. 천하명산 금강산을 보면 알 수 있는 일이다.

철 따라 봄에는 금강산金剛山, 여름에는 봉래산蓬萊山, 가을에는 풍악산楓嶽山, 겨울에는 개골산皆骨山이라고 부르지 않던가?

그러나 도시의 숲은 괴롭다. 먼지와 소음에 시달려 건강을 잃어가고 있다.

수년 전 우리나라에 온 일본인을 잠깐 만난 적이 있다. 그는 한국의 자연에 감탄했다. 산의 싱싱한 숲을 보고 보루네오 말레이시아의 원시림에는 비교할 수 없지만, 한국 산하의 아기자기하고 싱싱한 숲은 너무 좋다고 말하던 일이 떠오른다.

우리나라 숲의 대종은 역시 태백산 · 설악산 · 지리산 등이다. 함경도 · 강원도 일대 고산지대의 숲 말고도 많은 산에 조성된 숲들은 전국 어디를 가나 그 아름다운 모습을 많이 즐길 수 있다. 그 중에서도 나는 우리 고장 전주 근교의 고덕산과 모악산의 숲을 사랑한다. 모악산은 도립공원으로 지정된 곳으로 김제 시민들이나 완주 군민들과 함께 즐겨 찾는 곳이다. 고덕산은 가까운 산임에도 인적이 많이 닿지 않아 신선한 숲이 보전된 곳이다. 특히 옛 후백제의 견훤대왕이 축성한 남고산성과 동고산성은 그 원형이 사라진지 오래지만 그 흔적들을 엿볼 수 있어 좋다. 고덕산의 숲은 찬란한 후백제의 역사를 몸짓으로 설명해준다.

한참 동안 그런 것에 시선을 빼앗기고 있다가 다시 눈을 들어 앞뒤를 살펴보니 어느새 나 스스로 자신이 숲속에 갇혀 있다는 사실을 깨닫게 된다. 주변 산의 숲은 어제 오늘 단시일에 급조된 숲이 아니다. 오랜 세월에 걸쳐 이룩된 것이다. 나무를 심고 가꾸어온 노고가 얼마나 컸겠는가? 풍우에 시달린 나무들이 늠름하게 서로 어깨동무를 하고 있는 모습이다.

내가 처음 모악산을 찾은 것은 10여 년 전이다. 숲이 내뿜는 향기와 싱그러움에 흠뻑 매료되었던 기억이 새롭다. 정상에서 시원한 공기를 심호흡하며 삼림욕을 즐기던 그 때가 그립다. 지금과는 비교도 되지 않던 자연 환경이었다. 막 꽃을 피웠던 중인리에서 부터 정상까지의 꽃길에 만발한 진달래가 퍽 인상적이었다. 지금도 그 때의 추억을 지울 수 없다. 모악산 입구 높이 솟은 고목나무에 덩실 얹혀 있던 까치집은 동심마저 불러일으켜 주었다. 이런 좋은 숲이 전주 주변에 있다는 것이 얼마나 다행인가?

인간은 개발이란 명분으로 숲을 해치지만 숲은 언제나 인간을 포용包容해준다. 이 지구의 허파 역할을 하는 숲은 인간과 불가분의 관계를 맺고 있다. 많은 서정抒情과 휴식과 위로를 주는 숲은 인간과 가장 가까운 친구다. 우리네 친구인 숲이 늘 건강健康하기를 바라는 마음은 어찌 나 혼자만의 바람일 것인가?

정화수井華水

물을 마신다. 날마다 물을 마신다. 낮이고 밤이고 물을 마신다. 자다가도 갈증이 나면 깨서 물을 마신다. 사람은 누구나 물 없이는 살아갈 수 없다.

나는 초등학교에 입학할 무렵부터 정화수를 마시기 시작했다. 어린 시절에는 어머님께서 날마다 이른 새벽 우물에서 길어다 주신 정화수를 마시며 자랐다. 눈이 오나 비가 오나 새벽에 우물에 나가 정화수를 길어오는 일은 보통 정성이 아니다. 결혼 후에는 아내가 그 임무를 대신하게 되었다. 남편의 건강을 위하는 일이라면 물불을 가리지 않던 아내다. 아내는 날마다 정화수를 길어 놓고 하루 일과를 시작했다.

우리 마을 이름은 청림靑林이다. 청림은 푸르게 무성한 숲이라는 뜻이다. 이름만 들어보아도 깊은 산 푸른 숲이 우거진 산골짜기 청정지역임을 짐작할 수 있다. 사방이 산으로 둘러싸여 손바닥만 한 하늘만 보이던 조그만 마을에서 자랐다.

마치 우물안 개구리가 하늘을 쳐다보는 것이나 비슷하다고 할까? 나는 그런 산골에서 어린 시절을 보냈다. 푸른 산골짜기에서 맑은 물이 사시장철 흘러내렸다. 물이 깨끗하기에 개울물이나 냇물도 그냥 마실 수 있었다. 그 정도로 청정한 지역이다. 그런 고향에서 자랐던 까닭에 나는 물을 더 즐겨 마시는지도 모른다.

나는 2남 2녀 중 장남으로 태어났다. 우리 마을은 전통적으로 유교를 숭상하는 고장이다. 1930년대만 하더라도 남녀의 성차별이 보편화된 시대였다. 보수성이 강한 우리 동네는 더욱 심했다. 우리 집은 남아 선호사상 때문에 장남인 나에 대한 자애심이 더욱 지극했었다. 누님과 동생들에게 민망스러울 때가 한두 번이 아니었다.

어린 시절에는 조모님과 부모님께서 금이야 옥이야 할 정도로 사랑을 쏟으셨다. 추위와 더위와 눈비를 가리지 않고 정화수로 건강을 지켜주셨다. 날마다 새로 길어온 정화수는 맨 먼저 내가 마신 다음에야 누나와 동생들이 마실 수 있었다. 정화수를 마시는 일조차 나는 장남으로서의 특권을 누리며 자랐던 것이다.

나이가 들어 직장 때문에 도회지 생활을 하면서부터 수돗물을 마시게 되었다. 처음에는 수돗물을 그냥 마셨지만, 얼마 후부터는 끓여서 마셨다. 농경사회가 산업사회로 발전하자 물의 오염은 더욱 심해졌다. 그로 인해서 지금은 정수기 물을 마신다. 정화수에서 수돗물로, 이젠 정수기로 나의 물 문화는 완전히 바뀐 것이다.

나는 몇 차례에 걸쳐 동남아시아 등 6개국 해외여행을 한 적이 있다. 낯선 이국이었지만 그곳에서도 날마다 물을 마시면서 물에 대한 생각을 하곤 했다. 그 나라 사람들 역시 날마다 물 없이 살 수 없기는 우리와 다를 바 없었다. 물은 남녀노소, 동서고금 누구에게나 소중한 자원임을 알았다.

예순 살이 훨씬 넘도록 내가 지금까지 마신 물과 내가 사용한 생활용수를 모두 합치면 용담댐 물만큼이나 될까? 물은 언제나 내 건강의 지킴이요, 내 생명의 근원이기도 하다.

나는 가끔 내 고향 변산반도 국립공원을 찾는다. 공원 내의 부안댐 가장자리에 앉아 옛날을 돌이켜보기를 좋아한다. 사방을 둘러보면 고요한 산 속의 바람소리 새소리만이 들려올 뿐 적막한 산골짜기다.

환경오염에 병들어가는 도심을 벗어나 맑은 공기를 마음껏 마시는 것도 즐겁다. 고향의 정취를 가슴에 가득 담아오는 일도 좋다. 그 맑고 푸른 물을 한참 들여다보고 있으면 도시 생활의 오염과 찌든 번뇌를 씻고 청정한 마음으로 되돌아갈 수가 있다. 나는 마치 신선이 된 듯한 흥취에 젖는다.

깊고 푸른 부안댐의 물을 바라보면 생각은 날개를 달고 훨훨 창공을 난다. 아득한 옛날부터 강은 사람을 불러 모았고, 한 발 앞서가며 문명의 지혜를 깨우쳐 주었다. 세계 4대 문명은 모두 강가에서 이뤄졌다. 사람들은 농사를 짓고, 공장을 돌리려고, 맑은 물을 마시려고 저수지와 댐 그리고 수원지를 만들었다.

나는 도시에서 살면서 정수기의 물을 마신다. 그 물을 마실 때마다 어린 시절 고향에서 어머니가 새벽에 떠다주신 정화수를 떠올리곤 한다. 정화수의 물맛이 입가에 맴돈다. 나는 지금도 정화수를 마시고 싶다. 꿈 많던 그 시절로 돌아가고 싶다.

(2002. 10. 7.)

비에 얽힌 초록빛 추억

비가 내린다. 주룩주룩 비가 내린다. 날마다 비가 내린다. 매년 이맘때면 어김없이 찾아오는 단골손님 장맛비다.

사노라면 누구나 마음에 흔적을 쌓게 된다. 수많은 날들이 지난 뒤 떠올려보면 그것은 모두 그리운 추억이 된다. 추억은 강물이다. 그리움은 쌓여서 강물처럼 흐르고, 강물은 여울져 맴돈다. 추억은 아름다운 것. 추억의 샘물에 두레박을 담가 추억의 물을 길어 올리는 것은 즐거운 일이다.

봄날 아지랑이 피어나는 푸른 언덕에 누워 어릴 때 뛰놀던 일을 돌아보는 것은 즐겁다. 그 풋풋한 어린 시절의 추억이 연분홍 고운 빛깔로 채색된다. 나뭇잎이 푸르던 날, 파란 하늘에 뭉게구름 피어오르면 나는 마냥 꿈의 무지개를 피워 올렸다. 이런 추억은 보라색이다. 보슬비 오는 날, 갈대밭이 보이는 언덕 위 오두막

집 창가에 앉아서 울면서 떠난 여인을 생각해보는 것도 좋다. 이런 추억은 갈색이다.

비는 나로 하여금 다시 유년 시절로 거슬러 올라가게 한다. 한여름 큰 홍수가 지면 어른들은 마을 앞 냇가 언덕에 올라가 자꾸 솟아오르는 냇물의 수위를 걱정하며 한숨을 내뱉곤 했다. 비가 몹시 내리던 그날도 아버지를 따라 냇가로 나가니 며칠 전부터 그날까지 종일 내린 폭우로 냇물이 둑을 넘어 들판으로 넘쳐흐르고 있었다. 살림 도구며, 무너진 집의 기둥이며, 닭이나 소, 돼지 등 가축들까지 떠내려 왔다. 그때 급류 속에 어떤 청년이 떠내려오는 모습이 보였다. 마치 고릴라가 춤추는 것 같기도 하고 수중 괴물처럼 보이기도 했다. 발을 동동 구르며 안타까워했지만 어른들도 감히 접근을 하지 못한 채

"나뭇가지 잡아라. 나뭇가지 잡아라!"

합창이나 하듯 큰 소리를 질렀다. 그 청년은 냇가의 나뭇가지를 간신히 붙잡고 허우적거리며 둑으로 기어오를 때 언덕에 있던 어른들이 손을 내밀어 구했다. 청년의 배는 냇물을 얼마나 많이 마셨던지 임산부의 배보다 몇 배나 더 불러 보였다. 지혜가 높은 한 노인의 말대로 거꾸로 매달아놓고 물을 토하게 한 다음 인공호흡을 하여 가까스로 목숨을 구했다. 정말 구사일생이란 말은 그 청년에게 딱 맞는 이야기였다. 지금도 그 일을 생각하면 아슬아슬한 기분이 든다. 쓰라린 회색빛 추억이다.

봄비는 모든 식물에게 생명수를 공급해 준다. 봄비는 그 이름 자체만으로도 소생의 힘이며 희망의 원천이라 할 수 있다. 또한 봄비는 예로부터 시인들에게 시상을 떠올려주었다.

여름비는 축축하고 눅눅하다. 여름 장마 때 많은 비가 내리면 저수지마다 물을 가득 채울 수 있어 풍요의 상징이자 평화의 상징이기도 하다.

가을비는 서늘함이 다가옴을 깨닫게 해주어 좋고, 가을 산의 나무를 갖가지 색깔로 곱게 물들여주기도 한다.

겨울비는 용 못 된 이무기다. 눈이 되어 내려야 할 것이 포근한 날씨 탓에 비가 되어 내리기 때문이다. 겨울비는 겨울잠을 자는 식물들의 발을 시리게 한다.

한 방울 한 방울 내린 비가 도랑을 이루고 내를 이루다 강을 만난다. 그 강은 다시 흘러 바다에서 한 몸이 된다. 유유히 흐르는 강물을 바라보면 인생행로가 보인다. 그것은 갓난애 울음처럼 신선한 감각이요, 새벽 기침소리같이 동적動的인 음성이고, 전진의 몸짓이다. 물의 숨결이 그렇고, 굽이쳐 흘러가는 강물의 삶 자체가 그렇다.

비는 동시에 내리면서도 각기 다른 사람들에게 각기 다른 의미로 온다. 그리고 때론 사람의 운명조차 바꿔 놓는다.

비는 고마움과 재앙을 안겨주기도 한다. 비는 '좋은 일과 나쁜 일이 뒤섞여 있는 게 세상살이'라는 진리를 깨닫게 해준다.

(2003. 7. 23.)

제3부

돌 탑

돌 탑

우리 어머니의 뇌리에 남아 있는 것은 오직 고향 노적리다. 그 곳만은 머릿속에 깊이 각인이 된 것 같다.

어머니의 얼굴을 조용히 들여다본다. 90세가 갓 넘어서부터 밤낮없이 흙으로 돌아가야 한다고 침이 마르도록 읊으시던 귀거래사도 이제는 잊으셨다. 어머니의 기억 속에 저장되어 있던 삶의 편린들이 삭제되어 버린 것 같다. 치매를 앓으시는 어머니는 그저 먹고 자는 원초적인 본능에 따라 움직이실 뿐이다.

사람이 과거의 기억에서 벗어난다는 것은 슬픈 일이다. 뇌세포가 거반 손상된 어머니는 살아 있되 살아 있는 사람이 누려야할 모든 권리를 상실하셨다. 무심무념無心無念의 상태에서 검불 같은 노구老軀도 운신하기가 귀찮고 힘겨운지 많은 날을 방안에서만 지내신다. 정체된 삶과 닫혀버린 시간 속에서 아무런 의미도 느끼지 못한 채 나날을 보내고 계신다.

4~5년 전만해도 날이 새면 노적리 고향 집으로 데려다 달라고 성화였다. 또 지팡이로 마루를 쾅쾅 치며 소리를 지르고, 간헐적間歇的으로 소동을 일으키기도 하셨다.

세상을 떠나시기 전에 한 번은 노적리 고향집을 보여드리고 싶었다. 나는 세수 96세가 되신 어머니를 모시고 옛집을 찾았다. 그 집은 어머니에게는 잊을 수 없는 그리움의 공간이다. 그 실정을 누구보다 잘 알고 있으면서 끝내 모르쇠하면 돌아가신 뒤에 회한이 될까 싶어서 모시고 간 것이다. 그래서 목욕을 시키고 손톱과 발톱을 깎고 미장원에서 머리도 손질해 드렸다. 그런데 80 평생을 정붙여 살았던 집이건만 기억이 없는 어머니는 왜 이리 무서운 곳으로 나를 데리고 왔느냐고 꾸지람이 이만저만이 아니었다.

어머니가 노적리 마을과 로맨스를 시작한 것은 그 마을로 시집을 오시고부터였다. 청송심씨 가문의 조선시대 좌의정을 지낸 심덕부沈德符의 19세손으로 열여덟 나이에 노적마을 고씨 집으로 시집을 오셨다. 친정마을은 멀리 바다가 보이는 확 트이고 전망 좋은 심촌沈村마을이었는데, 변산반도 국립공원 내변산 청림리 노적마을 우리 집으로 시집을 오신 것이다. 자연경관의 수려함은 물론 청정한 선경仙境이라 할 수 있는 곳이다. 그 때부터 만난 노적리는 어린 새댁인 어머니에게는 낭만과 동경의 시원이 되기에 충분했을 듯싶다.

우리 집은 전통적 유교를 숭상하는 종가집이다. 평소 아버지는 단아한 한복 차림을 즐기셨고, 술을 좋아하셨다. 술이 웬만치 되시면 시조 한 수를 읊으시니 집안 분위기는 더욱 화기애애하였다. 아랫목은 늘 술독이 차지하고 있었고, 사랑방에는 주안상이 차려지지 않는 날이 없었다. 억척스러울 만치 그 많은 일들을 말없이 묵묵히 해내신 어머니, 어머니는 원래 그렇게 살아야하는 것인 줄 알았다고 하셨다. 그런 어머니가 지금은 자신의 몸도 마음대로 움직이지 못하는 처지가 되었다. 마을 사람들은 어머니의 음식솜씨에 탄복하면서 많은 찬사를 보냈다. 또한 존경하며 덕망 높은 부인으로 대우해 주었다.

어머니는 어려운 시대에 태어나 힘든 세상을 사셨다. 3 · 1운동, 8 · 15광복, 6 · 25한국전쟁, 5 · 16군사쿠데타, 5 · 18광주의거 등 참으로 파란 많은 격동의 세월을 건너오셨다. 그 시절의 많은 어머니들이 감당해야 했던 가난과 역경은 우리 민족 수난사의 단면이었고, 그런 삶은 한국의 어머니상이기도 했다.

그 중 가장 어려웠던 때는 9 · 28수복이 지난 직후였다. 낮에는 경찰이 치안을 맡고 밤에는 빨치산 잔당들이 다스렸다. 그야말로 우리 마을은 한국전쟁 제2의 격전지가 된 것이다. 그 와중에 살림살이와 식량은 모두 불에 타버렸다. 집도 절도 없는 거지꼴이 되어 4년간의 피난생활을 하기도 했다. 이런 혼란의 기억은 비슷한 시절을 살아왔던 이들에게 모자이크처럼 얼룩진 공유된 추억일 것이다.

고향집 뒤뜰에는 나지막한 돌탑 하나가 있다. 그 탑은 할머님과 어머님께서 정성들여 쌓은 탑이다. 그 탑을 쌓을 때는 청림천青林川 맑은 물에 씻기고 씻겨 깨끗해진 돌을 가져다가 쌓았다. 우리 가족 모두 힘을 합하여 축성한 탑이다. 할머님과 어머님은 매월 초하루와 초사흘, 초이렛날이면 목욕재계하고 공을 들여 소원을 빌었다. 특히 3월 보름날은 문밖에 금줄까지 쳤다. 그것은 불결한 사람의 출입을 막기 위해서였다. 어떤 종교나 무속이나 어느 단체와 연관을 갖고 공을 들인 것이 아니다. 오로지 유교사상에서 천심天心을 믿고 하느님께 소원을 빌었던 것이다. 우리 가족 모두의 건강과, 뜻하는 일의 성취를, 내 집을 찾는 모든 이의 안녕을 성심誠心으로 기원하며 공을 들였다.

할머님과 아버지는 건강하게 사시다가 각각 똑같은 나이인 87세에 세상을 뜨셨다. 할머님은 내가 죽은 뒤에도 뒤란의 탑에 공들이는 일을 계속하라는 유언을 남기셨다. 우리 집이 큰 재난 없이 평온하게 사는 것도 어머니의 기도와 정성이려니 싶다.

식량이 귀한 그 6·25무렵엔 거지도 참 많았다. 식사를 하다가 어머니는 당신의 밥이라도 거지에게 주고 밥이 없는 상추에 된장만을 싸서 먹고 물 한 모금 마시며 일어설 때도 한두 번이 아니었다. 철모르는 우리들은 우리 먹을 밥도 없는데 왜 거지에게 밥을 주느냐고 투정을 부리기도 했다. 그뿐인가. 동네사람이 식량을 빌리러 올 때, 농기구나 어떤 물건을 빌리러 올 때 거절하지 않고 응해주셨다. 그 뒤 강하게 돌려받지 않는다고 아버지와 가끔 낯을 붉힐 때도 있었다. 남의 어려운 일을 그냥 넘기지 못하는 성품! 그것은 어머니의 이타주의利他主義 성격 때문이었다. 비단같이 고운 어머니의 마음씨를 엿볼 수 있는 일화다.

내가 일상생활에서 좋은 점을 행했다면 그것은 어머니로부터 받은 교육 덕이요, 잘못된 행위가 있었다면 그것은 어머니의 가르침을 저버린 내 잘못이다. 우리는 누구와 반갑게 만날 때도 "아이고, 어머니!"라 하고, 무서워서 깜짝 놀랄 때도 "아이고, 어머니!"라고 하며, 슬플 때도 "어머니, 어머니"를 소리 높여 외치며 산다.

우리는 한결같이 어머니를 생명의 바탕이요, 자비의 상징이며, 희생의 표본이라고 생각한다. 그래서 어머니를 만물의 근원이라고 여기며 머리 숙여 받드는 것이 아닐까?

요즘 생명과학이 고도로 발달했다 해도 손상된 뇌세포의 재생은 이루어내지 못하고 치매성 환자가 늘어가는 실정이다. 정말 아쉽고 안타깝기 그지없다.

"어머니, 여기는 노적리예요. 그 정성을 다 들여서 쌓고 빌었던 탑이라고요."

그러나 어머니에게는 이제 노적리도 탑도 모두 부질없을 따름이다. 무릎 위에 놓인 사탕봉지로 무심코 손이 갈 뿐이다. 사탕 한 알을 입에 물고 오물거리다가 눈을 감고 정묵靜默에 드신다.

이제 당신에게도 저 탑은 헛것이다. 아니 탑塔만이 아니다. 곁에 있는 자식도 헛것이요, 자신조차도 헛것이다. 세상살이 중 헛것 아닌 것이 어디에 있겠는가. 하지만 저 탑을 쌓으시고 정성껏 빌던 할머니와 어머니의 그 정성은 대를 이어 전해질 것이다. 그 돌탑은 우리 집을 지켜주는 상징물이려니 믿는다.

(2007. 10. 16.)

격년제 추석

민족의 최대 명절인 추석을 맞았다. 초청하거나 마중나가지 않아도 어김없이 찾아오는 게 세월이요, 또한 추석이다.

우리나라의 추석 명절은 그야말로 세계적인 전통문화의식이다. 또한 민족의 대이동을 빚는다. 그만큼 우리 민족은 조상흠모와 인간 경애사상 그리고 효사상이 깊기 때문이다. 이는 참으로 자랑스러운 고유 명절이 아닐 수 없다.

우리 집은 추석을 격년제隔年制로 쉰다. 새천년이 시작되는 2001년부터 올해로 꼭 세 번째다. 예부터 한 세기가 지나면 정치와 제도, 문화, 풍속이 바뀐다는 말이 있다. 전통적으로 유교를 숭상하는 우리 집안에서 격년으로 추석을 쇠는 것은 꿈에도 생각하지 못한 일이다.

2남 2녀 중 장남으로 태어난 나는 50여 년 동안 의무감으로 추석을 쇠었다. 꼭 10년 전 87세로 세상을 떠나신 아버님께서 생전에 하신 말씀이 있다. "한 가정의 흥망성쇠는 형제 간에 우애하고 집안의 화목함에 있다."라고 하신 말씀이 주마등처럼 떠오른다. 또한 "비리의 이재利財를 탐하지 말고 의리를 지켜 남 앞에 떳떳한 사람이 되어야 한다."라고 유언처럼 말씀하셨다. 그러나 격년으로 추석을 쇠라는 말씀은 없으셨다.

동생 내외는 아버님이 돌아가신 후 격년으로 설 명절과 추석 명절을 쇠자는 건의를 해왔다.

"사람이 태어나면 장남이나 차남 가릴 것 없이 금쪽같이 귀여워하는 게 부모의 마음이 아닙니까? 똑같이 기르고 가르쳐서 자립하여 살아가는 우리 형제, 즐거움도 어려움도 같이 나누는 게 형제지요!"

하면서 한 해씩 나누어서 두 집이 격년제로 설 명절과 추석 명절을 쇠자는 제안이었다. 또한 같은 동네에 살고 있으므로 1년씩 분담하는 것이 당연하다며 강력히 주장했다.

나는 그 뜻은 좋지만 오랜 전통이며 풍속인데 변경할 수 없다고 대답했다. 해마다 명절 끝에는 으레 그 건의가 계속되었다. 그 후 10년의 장고長考끝에 어머님을 모시고 우리 가족 20여 명이 참석한 가운데 가족회의를 열었다. 난상토의를 거쳐 민주방식으로 의결하였다. 그 시행 시기는 새천년 설날부터 쇠기로 하였다. 홀수년도에는 큰집에서, 짝수년도에는 동생 집에서 설 명절과 추석 명절을 쇠기로 하였다. 그러므로 올해로 세 번째 추석을 맞은 것이다. 가부장적으로 이어오던 수백 년 전통의 벽을 깬 것이다.

금년 추석은 94세이신 어머님을 모시고 우리 형제 두 집 식구들 30여 명이 모였다. 빙 둘러앉아 햅쌀로 송편을 만들고 한쪽에서는 부침개며 여러 가지 음식을 장만하며 즐거운 시간을 보냈다. 초등학생인 손자손녀들은 송편을 장난삼아 만들며 웃음판을 벌이기도 했다. 특히 올해에 막내아들이 낳은 정현이와 조카가 낳은 민지는 처음 맞는 추석이다. 모두 벙실벙실 웃는 모습이 그렇게 귀여울 수가 없다. 그야말로 천진난만한 귀염둥이들이다. 추석은 화합의 장이며 즐거운 모임의 장이라 해도 과언이 아니다.

예부터 "더도 말고 덜도 말고 한가위만 같아라."라는 말이 있다. 과연 그렇다. 설, 추석, 단오 3대 명절 중 최대 명절이 추석이다. 기후적으로는 덥지도 춥지도 않고, 오곡백과가 풍성하여 풍요를 구가謳歌하는 계절이다.

또한 추석 절에 맞춰 26년 만에 출간한 족보 증보판 10권이 나왔다. 올해에 출생한 아이들까지 모두 등재되었다. 모두 본인의 이름 생년월일 등을 확인하고 처가의 내역까지 살피고 환담하였다. 또한 추석에 식구들이 많이 모일 때 볼 수 있게 돼서 추석 분위기를 한층 돋워 주었다.

한편 격년제 추석을 쇠니 두 집에서 장만하는 경비도 절감되고 추석 증후군도 없다. 모두 모여 공동체 의식으로 화합된 분위기에서 음식장만을 하니 피로도 잊은 듯싶다. 산업화사회에서 핵가족화된 생활을 잠시 잊고 화기애애한 분위기에 모두 휩싸여 즐거운 표정들이다.

격년제 추석을 쇤 지 벌써 5년이 되었다. 이 소식을 접한 일가 친척, 친지, 이웃집에서는 격년제 추석을 쇤다는 말은 처음 들어

보았다고 한다. 그리고 찬사를 하는 사람이 대부분이다. 그 찬사는 당연히 동생 내외의 몫이다.

우리는 평화롭고 행복하다. 북녘 땅에 고향을 둔 수많은 동포들이 북녘 하늘을 우러러보며 눈물짓고 있을 것이다. 그뿐이랴. 대규모의 댐을 건설하므로 실향민이 자꾸만 늘어나고 수재를 당하여 추석을 제대로 쇠지 못하는 서글픈 현실을 생각해보라. 고향이 있고 부모형제와 일가친척 그리고 벗들을 만날 수 있고 오붓한 추석을 쉴 수 있는 집은 모두 행복한 가정이다.

선조로부터 전통을 이어받은 우리 가정, 대대손손 화목하게 살아가기를 빌고 바랄 뿐이다.

(2005. 9. 20.)

격년제 추석(2)

추석! 민족이 대이동하는 명절이다. 특히 올 추석 연휴는 주말을 끼고 시작됐다. 최장 5일간의 연휴를 즐길 수 있어 민족의 이동이 더 심해진 듯싶다.

우리 고유의 추석 명절을 맞게 되면 먼저 아련하게 떠오르는 것이 고향에 대한 짜릿한 향수다. 내가 태어나서 자라며 파란 꿈을 안고 마구 뛰놀던 곳, 내 고향. 널따란 들판과 학교 운동장, 냇가 둥지에는 잊을 수 없는 추억들이 가득가득 쌓여 있다. 생각하면 생각할수록 훈훈한 정감이 일고, 나이테가 늘면 늘수록 아득한 추억을 삼키며 밟게 되는 것이 추석의 고향길이다. 추석은 풍요의 계절이다. 들녘의 논과 밭에서는 곡식이 황금빛으로 영글어가고, 과수원에서는 과일의 향이 짙게 풍기니 우리네 마음도 풍요롭고 평화롭기 만하다.

옛 어른들은 더도 말고 덜도 말고 한가위 날만큼만 먹고 살게 해주십사 하고 빌었다. 추수를 기다리는 들녘의 풍요와 정겨운 가족, 친지들과 마주하는 기쁨이 어느 때보다 넘쳐나는 계절이다. 추석 명절 무렵이면 먹을거리가 넉넉하고 인심이 훈훈하다. 가을걷이가 한창인 들녘은 바라보고만 있어도 배가 부르고 가슴이 뿌듯하다. 이러한 넉넉함은 내 주위의 어떠한 일에도 느긋하게 바라볼 수 있는 여유를 갖게 해 준다.

올 여름은 유난히도 장마가 길었다. 오랜 장마 뒤에 맞은 추석날은 쾌청한 날씨였다. 휘영청 밝은 보름달을 볼 수 있어서 쾌감을 느꼈다.

우리 집안은 전통적으로 유교를 숭상해온 집이다. 우리나라의 추석 명절은 정말 세계적인 전통문화의식이다. 둥근 보름달만큼 넉넉한 한가위, 조상의 음덕을 기리며 정성들여 차례를 올린다. 조상숭배와 인간 경애사상, 그리고 효도정신이 깊게 뿌리박혀 있기 때문이다. 이는 참으로 자랑스러운 고유 명절이 아닐 수 없다. 산업사회에서 흩어져 살고 있는 가족들이 한데 모여 화목을 다지는 장이기도 하다.

우리 집에서는 격년제隔年制로 추석을 쇤 지가 벌써 7년째이다. 우리 사회에서는 모든 가정의 행사 중 시제, 제사, 회갑, 부모생일잔치 등 웬만한 행사는 으레 종손 장손들이 담당해왔다. 또한 우리나라의 한 풍습이라 할 수도 있다. 나는 2남 2녀 중 장남이다. 맏이로서 귀여움도 더 받았으며 재산도 더 많이 상속받았다. 또한 50여 년 동안 설명절, 추석명절, 제사, 부모 환갑 등의 행사도 당연한 일로 맡아 치렀었다.

동생 내외가 15년 전부터 격년제 추석을 쇠자고 제의해 왔다. 장남이나 차남이나 생명이 태어나면 부모가 자식 사랑하는 마음은 똑같았을 것이다. 그러므로 명절 행사를 형제 간에 1년씩 교대로 치르는 것이 당연하다며 강력히 주장했다. 그러나 나는 당연히 장남의 몫이라고 주장하며 몇 년이 지났다.

그 뒤 명절 때만 되면 동생내외의 반복된 제안을 받았다. 장고長考끝에 어머니를 모시고 우리 가족 20여 명이 참석한 가운데 가족회의를 열었다. 동생 내외의 의사를 받아들여 격년제로 명절을 쇠기로 결정하였다. 시행 시기는 새천년 설부터 쇠기로 하였다. 홀수 해는 큰집에서 짝수 해는 동생 집에서 설 명절과 추석 명절을 쇠기로 하였다. 그러므로 올해로 격년제 명절 7년째가 된 것이다. 가부장적으로 이어오던 우리 집 가규家規 수백 년 전통의 벽을 깬 것이다.

〈격년제 추석〉이란 제하의 글을 재작년 ≪전북수필≫(61호)에 발표한 바 있다. 그 뒤 그 글을 읽어본 문우와 친지들로부터 많은 격려 전화를 받았다. 세부 내용을 묻는 사람, 어떻게 그런 마음씨 너그러운 동생내외가 있느냐, 동서고금 전대미문의 뉴스라고 과장하는 이도 있었다. 그런 전화들은 오직 하나밖에 없는 우리 동생 내외의 덕택이다. 동생 내외가 정말 고맙고 자랑스럽다.

격년제 명절을 쇠니 두 집에서 따로따로 명절음식을 장만하는 경비도 절감되고, 명절이 지난 뒤 명절증후군도 줄어서 좋다. 모두 한 자리에 모여 화합 분위기에서 음식을 장만하니 피로도 잊은 듯싶다. 핵가족 생활을 잠시 잊고 화기애애한 분위기에 젖어 즐거운 표정들이다.

우리 집에서는 명절만 격년제로 쇠는 것이 아니다. 금년 세수 96세이신 어머님을 한 달 정도씩 형제가 서로 번갈아가며 모신다. 그 일 또한 동생 내외의 간절한 주장으로 실행하고 있다. 윤리의식이 희박해져가는 요즘에 이런 동생 내외 같은 효행이 어찌 자랑스럽지 않으랴.

사람이 아기로 태어나서 어른이 되고, 건강하게 살다가 이승을 하직하려는 것은 모든 이의 소망일 것이다. 몇 년 전부터 어머님에게 치매성 질환이 찾아왔다. 젊은 시절 건강하고 성실하며 음식솜씨 좋은 것은 아무 소용도 없었다. 격년제 명절이니, 가족화합이니, 그런 것들도 아무 상관이 없었다. 어머님은 손을 내밀고 송편이나 빨리빨리 많이 가져오라고 야단이시다. 어머님이 우리 형제를 기를 때는 부끄러움을 타고 겸손하게 행동하신 것을 생각하니 내 눈에서는 눈물이 돈다.

우리 집안의 격년제 명절 쇠기는 앞으로도 대대로 이어가며 후손 모두가 화목하게 살아가기를 빌고 또 빌 뿐이다.

(2007. 9. 27.)

고희 문턱에서 만난 낙엽

가을이 깊어가고 있다. 가을하면 제일 먼저 생각나는 것이 단풍이다. 가을빛으로 물든 산과 들을 바라볼 때 무엇보다도 가슴 설레는 것은 드높은 하늘이다. 어찌 예전엔 단풍뿐이었겠는가? 길섶에 핀 가냘픈 코스모스가 목을 길게 뽑고 무언가 애타게 찾으려는 듯한 그 애상…. 쌀쌀한 날씨에도 조촐하게 피어난 국화꽃을 바라보며 그 절개를 생각하면 요즘 사회의 변모하는 모습과 대조를 이룬다.

가을과 더불어 영글어가는 오곡백과, 그 중에도 파란 하늘을 거울삼아 터질 듯 붉게 익은 감을 바라보노라면 마치 천심의 유방을 대하는 듯, 가슴이 뭉클해져 주체할 수 없었던 젊은 날의 한 때도 있었다.

내 유년 시절 보아온 가을의 정취情趣를 떠올려본다. 내 고향 변산반도 국립공원 내 변산 청림青林, 그 지명은 언제 들어보아도 젊고 생동감을 준다. 할머님과 부모님은 매년 박과 호박, 고추 등 여러 가지 농작물을 골고루 정성스럽게 가꾸셨다. 먼 시야에 펼쳐진 헛간채 초가지붕, 그 위에 덩그러니 매달린 하얀 박이며 누렇게 익은 호박들이 뒹굴 때면 이제 본격적으로 결실의 계절임을 실감했다. 앞마당에 멍석을 깔아 놓고 집집마다 붉은 고추를 햇볕에 널어놓을 때면 마치 푸른 하늘을 동경이나 하듯 정열을 토해낸 것을 볼 때마다 곧 시라도 한 구절 쓸 것만 같은 센티한 감정에 푹 파묻힐 때도 있었다.

그뿐인가. 고요한 밤, 맑은 하늘, 밝은 달빛 아래서 풀벌레 귀뚜라미가 밤새껏 울어댈 때면 까마득히 잊었던 추억들이 되살아나 잠을 이루지 못했던 눈물어린 밤도 있었다.

특히 요즘에 와선 왠지 가을하면 단풍이 마음을 가득 메우니 그 까닭을 나도 잘 모르겠다. 그 뜨겁고 화려한 꿈을 불꽃처럼 피워낸 단풍, 나는 그러한 단풍이 미치도록 좋다. 단풍처럼 나의 인생도 최후를 곱고 아름답게 장식할 수 없을까. 티 없이 맑은 파란 하늘 아래 마지막 한 생명을 불태우다 말없이 떨어지는 낙엽처럼…….

단풍하면 내장산의 단풍을 꼽는다. 예로부터 내장산은 단풍군락지로 터널을 이루고 있어 장관이다. 어찌 내장산의 단풍만 곱다하겠는가. 변산의 단풍은 청정지역 부안댐과 어우러져 석양 노을에 비친 수중단풍은 많은 관광객으로 하여금 탄식을 자아내게 한다.

이 고운 단풍은 나에겐 아내의 얼굴처럼 유정하게 느껴진다. 산 가운데에 자리한 부안댐과 어우러진 변산의 단풍이 내 마음을 사로잡는다.

금강산의 단풍이 얼마나 좋았으면 단풍 풍楓자를 써 풍악산이라 이름했겠으며, 설악산의 단풍이 얼마나 유명했으면 절정에 이른 단풍을 보고 선경의 경지라 말했겠는가. 이러한 아름다운 단풍도 끝내는 지고 마는 것이다. 단풍이 질 때면 어쩌면 인생 최후의 사별도 그러려니 싶어 애달프다.

자연의 순리는 사계절로 나뉘어 시작된다. 봄은 새싹의 계절이요 약동의 상징이며 성장의 심벌이다. 봄에는 온갖 식물이 생명력의 위대함을 과시하면서 자란다.

봄에서 출발하여 푸름으로 변한 젊음의 표상인 여름은 나를 매료시키지만 머지않아 가을이 될 수밖에 없을 것이다. 가을은 여름 내내 자란 열매들이 익어가는 때이다. 자기 특성을 자랑하면서 알알이 무르익는다. 오곡백과는 푸른빛에서 노란색으로 탈바꿈한다. 그래서 가을은 풍요의 계절이요 황금의 계절이며 결실의 계절이다. 사람으로 치면 불혹不惑에서 이순耳順까지에 해당된다고 하겠다.

나는 이순의 후반이므로 분명 사계四季의 동冬에 해당된 셈이다. 고희를 바라보는 연치, 분명 낙엽이다. 이제 나목裸木처럼 빈손으로 돌아가야 할 때이다.

삽상하고 쓸쓸한 가을 하늘이 맑고 푸르다. 낙엽은 열심히 살다간 흔적을 남기고 여름내 걸쳤던 옷을 훨훨 벗어버린다. 낙엽은 가을바람에 미련 없이 대지의 품으로 돌아간다. 낙엽은 할 일을 다 했기에 뿌리로 돌아간다. 자신의 모든 것을 다 주고 잎까지도 내주는 나무의 덕과 겸손함을 배우고 싶다.

(2003. 11. 28)

귀한 초청장

낯선 사람으로부터 초청장을 받았다.

"저희 결혼식에 참석하여 축하해 주신 선생님께 감사드립니다. 그 뒤 아들을 낳아 돌을 맞이하였습니다. 부디 참석하여 주십시오."

이 편지는 L씨의 사위가 보낸 것이다. L씨는 유달리 고집이 많은 사람으로 수년 전 아내와 사별하고 외동딸과 둘이 살아왔다. 3년 전에 딸을 결혼시키고 지금은 혼자 살고 있다. 새삼스레 그의 외동딸을 시집보내던 날, 결혼식장에서 모든 사람들이 당황했던 일이 생각났다.

그날 예식장에서 결혼행진곡이 울려 퍼지자 친구는 사랑하는 딸의 손을 잡고 입장하였다. 하객들의 박수 소리가 식장 안을 가득 메웠다. 신랑이 신부의 아버지로부터 신부를 인계받아 손을 잡고 단 위로 올라가서 주례 앞에 섰다. 그런데 신부 아버지인 혼주는 신랑신부를 지켜보는 것이 아니라 혼자 울고 있었다. 식장 안의 모든 사람들은 신부 아버지를 안쓰럽게 여겼다. 그는 딸을 신랑한테 넘겨주자 너무나 섭섭하여 그런 것 같았다.

줄줄 흐르는 눈물을 주체하지 못해 머리를 숙이고 울더니 끝내 손수건을 꺼내 얼굴을 가리고 어깨를 들먹이며 흐느끼기 시작하였다. 동생인 듯싶은 사람이 그러지 말라고 충고를 해도 오히려 더 슬퍼하였다. 그 정경은 정말 보기에도 딱했다. 할 수 없어 내가 직접 그를 데리고 밖으로 나갔다.

"딸을 시집보낸 사람은 누구나 다 자네 같은 심정을 겪었기 때문에 자네의 심정을 짐작하겠지만 좀 지나쳐 보이네. 보기에 민망스러우니 속히 정상을 회복하는 게 좋겠네. 이 사람아, 저 많은 하객들이 자네 집 경사에 기쁨을 나누고자 축하하러 왔지 않은가. 자네의 이상한 태도를 보러 온 것은 아니야. 그러지 말고 하늘을 우러러보고 한 번 숨을 크게 쉬어 보게. 속히 마음 돌리고 어서 들어가야지 않겠는가?"
하며 그의 마음을 달래주었다.

그는 가까스로 정상을 되찾아 결혼기념사진도 함께 촬영하고 하객들과 인사도 나누며 하객들을 안심시킨 적이 있었다.

아내와의 슬픈 사별은 인생의 큰 고통이요, 참기 힘든 슬픔이다. 겪은 사람은 물론 겪지 않은 사람까지도 충격적인 큰 일로 여긴다. 그러나 딸을 시집보내는 슬픔쯤은 너무 작은 어려움이다. 보통의 아버지들은 섭섭한 마음을 한동안 갖다가 흐지부지 잊어버리는 사람들이 많을 듯싶다. 그러나 이 친구는 다른 아버지와는 달랐다. 딸과 단둘이 살다가 시집보낸 뒤 혼자 살아야 했다. 그런 마음을 다른 사람들은 쉽게 이해할 수 없는 일이다. 그 친구도 그런 슬픔을 밖으로 나타내지 않았어야 좋았다.

그 친구와 나와는 직장 동료로서 각별히 지냈었다. 현직에 있을 때도 유난히 고집이 세고 고지식한 성격 탓으로 고독에 처할 때도 많은 친구였다. 그 때마다 내가 위로를 하였다. 그 친구도 술을 좋아하고 나 또한 애주하므로 술로 회포를 풀 때도 많았다. 기쁨과 슬픔은 우리 마음대로 되지 않는 것임을 그 때 나는 절실히 느꼈다. 그 날 울고 있는 친구를 밖으로 불러 위로하고 마음을 진정시키지 않았다면 결혼식장 분위기가 어떻게 되었을까.

우리가 살아가면서 슬픔을 겪지 않을 수는 없는 일이다. 슬픔을 겪을 때나 겪고 나서 그 슬픔을 그냥 흘려버려서는 안 된다. 우리가 사는 한 슬픔은 기쁨과 같은 생활의 일부임을 알고 현명하게 대처하면서 살아야 할 일이다.

그 친구가 이젠 할아버지가 된 셈이다. 나는 돌잔치에 참석하여 외손자를 안고 좋아하는 친구의 모습을 보았다. 옆에 있던 친구가

"결혼식장에서의 느낌과 지금의 느낌이 어떤가?"

하고 물으니 그의 얼굴은 석양 노을처럼 붉게 물들었다.

"큰 것을 얻으려고 작은 것을 잃은 슬픔이지."

하고 외손자를 안고 흔들면서 마냥 좋아하였다. 슬픔이 지나면 기쁨이 찾아오는 것은 우리 인생의 천리天理인 것을…….

(2007. 7.)

어머니의 세뱃돈

설날 세뱃돈으로 지폐 두 장을 받았다. 해마다 설날이면 어머니로부터 세뱃돈을 받는다. 이렇게 세뱃돈을 받아온 것이 벌써 70여 년이 넘는다.

이 세상에서 가장 아름다운 단어를 고르라면 사랑 · 평화 · 행복 · 희망 등 수많은 단어를 떠올릴 수 있을 것이다. 그러나 아무리 아름다운 단어라 할지라도 시간과 장소, 자신이 처한 환경과 입지에 따라 그 의미는 다를 것이다. 때로는 싫증을 느끼기도 하고 단어 자체를 바꾸어 버리고 싶은 충동을 일으키는 경우도 없지 않을 것이다. 그러나 '어머니'라는 단어는 동서양을 떠나서 어떠한 시대상황이나 변천에도 불구하고 변하지 않는다. 영국의 문화원이 비영어권 나라 국민을 대상으로 가장 친근감이 가는 영어 단어에 대한 설문조사를 한 적이 있었다. 그때 1위를 차지한 단어가 바로 마더(mother) 즉 어머니란 단어였다고 한다. 그 조사에서 아버지란 말은 70위 권 밖으로 밀려났다고 하니 어머니란 말은 아버지란 말에 견줄 수 없을 정도로 친근감을 준다.

"어머니, 어머니!"

언제 어디서 불러 보아도 한없이 포근하고 항상 가슴이 따뜻해지는 단어다. 즐거울 때나 괴로울 때 불러보는 것만으로도 무한한 위로를 받을 수 있다. 그러므로 어머니라는 단어 속에는 평화와 사랑 · 행복 · 희망이란 말이 모두 포함되었다고 할 수 있지 않을까.

우리 집은 전통적으로 유교를 숭상하는 대가족제도다. 설날은 할아버지 아래 손들만 수십 명이 모여 세배를 드린다. 어린 시절에는 세뱃돈 받는 재미로 설날이 오기를 은근히 기다렸고, 설날이면 공손히 절을 하였다. 어른이 된 이후로는 부모님으로부터 받은 세뱃돈을 지갑에 잘 보관하였다가 또 다음 해를 기다렸다. 이것은 연례행사처럼 이어져왔다.

학자로서 위엄을 갖추신 아버지는 설날이면 가슴에 깊이 간직해야 할 덕담을 주셨다. 항상 정의를 지키고, 형제자매 간에 화목하며, 인간의 도리를 다해야 한다는 교훈을 주셨다. 술을 아주 좋아하셨지만 88세를 일기로 9년 전 세상을 뜨셨다. 그 후 나에게 세뱃돈을 주실 분은 오직 어머니 한 분밖에 아니 계신다. 나는 올 설날에 자녀 손자손녀 조카 등 수십 명에게 세뱃돈을 주고 덕담도 건넸다. 그러면서 우리 인생의 순환의 이치를 다시 한 번 깨달았다.

세수 95세가 되신 어머니의 얼굴을 자세히 들여다보았다. 텔레비전도 보지 않고, 흙으로 돌아가야 한다고 침이 마르도록 읊던 귀거래사도 잊으셨다. 어머니의 기억 속에 저장되어 있던 숱한 삶의 편린들이 거의 삭제되어버린 듯싶다. 나의 노모는 그저 먹고 자며 고향집에 데려다 달라는 말만으로 일관하신다. 정말 원초적인 본능에 따라 움직이실 뿐이다.

사람이 과거의 기억에서 놓여난다는 것은 그 얼마나 슬픈 일인가. 뇌 세포가 많이 손상된 어머니는 살아 있으되 살아 있는 자가 누려야할 모든 권리를 상실하셨다. 무심무념無心無念의 상태에서 검불 같은 노구老軀로 활동하기도 귀찮고 힘겨워하시며 많은 날을 방안에서만 지내신다.

정체된 삶 닫혀 버린 시간 속에서 아무런 의미도 느끼지 못한 채 겨울을 건너 따뜻한 봄날을 기다리신다. 생명공학이 고도로 발달되었어도 뇌 세포의 생성은 아직 그에 미치지 못하니 정말 아쉽기 짝이 없다. 누구를 막론하고 자기 어머니에게서 느끼는 따스한 감정이 또 모든 사람들과 공통된다는 점에서 어머니 사랑이 태산같다고 표현할 것이다.

나는 유달리 어렸을 적 어머니에 대한 추억이 많다. 깊은 밤 어머니 등에 업혀 칭얼거리면 곶감 하나 주시며 밤하늘의 무수한 별들을 하나둘 세어 보라고 하신 말씀이 주마등처럼 떠오른다. 인간이 태어나서 이 세상에서 만나는 최초의 스승이 어머니다. 어머니의 품안은 어린이의 학교요 교과서라고 하지 않았던가. 혹 내게 좋은 점이 있다면 어머니로부터 받은 것이요, 내가 가진 많은 결점은 어머니의 교훈을 저버린 내 탓이리라.

어머니의 은혜가 하늘보다 높고 바다보다 넓다고 되뇌면서도 그 은혜와 사랑을 잊은 채 살고 있다. 현대와 같은 산업사회에서는 그러한 현상이 더욱 두드러진다 해도 과언이 아니다.

내년 이맘때도 어머니로부터 또 세뱃돈을 받을 수 있을까? 오늘도 세뱃돈으로 받은 지폐 두 장을 지갑 속에 부적처럼 간직하고 살며 깊은 상념에 잠긴다. 나는 두 손을 모으고 어머니의 만수무강을 빌고 또 빈다.

(2005. 2. 12.)

옛날 설 요즘 설

겨레의 명절 설이 지났다. 설은 추석 명절과 함께 우리 겨레 최대의 명절이다. 설은 한 해의 모든 일을 새롭게 시작하는 날이다.

본래 설날은 조상 숭배와 효 사상에 기반을 두고 있다. 먼저 가신 조상신과 자손이 함께하는 아주 신성한 시간이라 할 수 있다. 옛 어른들은 바깥출입을 삼가고 탈 없이 일 년을 보내게 해달라고 조상님께 빌었다고 한다. 우리의 전통문화와 풍속을 되살리고 조상들의 삶을 배울 수 있는 기회다. 어느 곳을 찾아도 설 명절이 주는 넉넉함과 포근함을 느낄 수 있다.

도시 생활과 산업화라는 굴레 속에서 생활하는 현대에 와서 설날은 또 다른 의미를 지니는 것 같다. 도시생활과 산업사회에서 오는 긴장감과 강박감에서 일시적으로나마 해방될 수 있는 시기라는 의미도 함께 지니게 된 것 같다.

예부터 우리 겨레는 음력 정월 초하루 설날을 한 해의 진정한 시작으로 여겼다. 우주 순환이 한 바퀴 이루어져 원점에 이르는 원단元旦, 과거에는 구정이니 민속의 날이니 해서 설날을 왜곡시켜 부른 적도 있었다. 그러나 지금은 설이란 이름으로 불린다.

섣달 그믐날 잠을 자면 눈썹이 희어진다는 말이 있다. 설 명절이 되면 고향의 부모 형제 친척 친지를 만난다는 점에서 설렘을 안고 고향을 찾는다. 경제가 어려워 삶이 고달프고 귀성길이 교통체증으로 힘들어도 고향을 찾는 기쁨으로 견딜 수 있다. 나름대로 준비한 선물 꾸러미에는 정이 듬뿍 담겨 있다.

부모를 기쁘게 해드리고, 객지에서의 성공을 자랑하며, 뽐내고 싶은 마음도 있을 것이다. 찾아가는 사람, 기다리는 사람 서로가 나름대로 만남에 대한 기대로 잔뜩 부풀어 있을 것이다. 해마다 설 연휴는 그렇게 시작된다.

설하면 시골의 설 풍경이 제일 먼저 떠오른다. 우리 집에서는 가장 먼저 제기祭器인 놋그릇을 닦는다. 할머님을 사령관으로 어머니 아내 전속으로 우리집 일을 도와주는 옆집 여인까지 동원된다. 나물은 봄부터 정성스럽게 가꾸어 준비하고, 한 해 동안 추수한 곡식으로 일일이 집에서 장만한다. 콩나물과 숙주나물 시루가 의좋은 자매처럼 나란히 자리잡고 있어 우리들은 앞다퉈 물을 뿌려 주기도 하였다.

아랫목에는 잘 익은 술독이 자리잡고 있어 온 집안이 술 냄새로 코를 찌를 듯했었다. 밤이면 설빔을 준비하는 홍두깨 방망이 소리가 이집 저집에서 끊이질 않았다. 마당에서는 떡치는 소리가 들려오고 온 마을이 설 준비에 부산한 모습들이었다.

낮에는 제수祭需 준비로 바쁘고 밤이면 설빔 짓느라 희미한 호롱불 아래서 어머니는 밤늦도록 바느질을 하셨다. 어머니는 한 가정의 주부이자 종부로서 막중한 책임의식을 갖고 계셨다. 어머니가 언제까지나 무엇이든 다 하는 줄로만 알았는데 이제는 96세여서 걸음도 제대로 걷지 못하시니 세월의 무상을 느낀다.

가난하던 농경사회. 그때의 명절은 그 어느 잔치보다 더 없이 기다려지는 명절이었다. 세뱃돈을 받는 재미야말로 큰 기쁨이었다. 당시는 남아선호사상이 팽배한 때이자 우리 집안에서 몇십 년 만에 남아로 태어나 영예를 얻은 나는 세뱃돈을 제일 많이 받았다. 어린 마음에 괜히 들뜨고 우월감에 젖을 때도 있었다.

설날하면 까치까치 때때옷, 세뱃돈, 덕담, 떡국, 윷놀이 등 떠오르는 정겨운 말들이 많다. 멀리 떨어져 있던 동기들이 만나고 부모형제가 모여서 오순도순 떡국을 먹으면서 정을 나눌 수 있어서 좋다.

요즘의 설은 양상이 많이 달라졌다. 물산이 풍부하여 시장에 나가면 없는 물건이 없고, 손수 농사를 짓지 않아도 무엇이든 살 수가 있다. 산업사회에서 바쁜 일상을 사는 일부 계층에서는 설 음식이나 제사음식을 장만하여 판매하는 업소에서 주문하기도 한다. 또한 양력으로 설을 쇠고 음력에는 해외로 여행을 떠나는 사람도 있고, 콘도에서 간편하게 설을 쇠는 사람도 있으며, 임진강 망배단에서 설을 쇠는 실향민도 있다.

정말 설은 연례행사다. 적어도 그 문화 속에는 보이지 않는 효경사상孝敬思想과 생활의 법과 가족의 문화가 녹아 있다. 옛날 종가집의 설날은 일도 많고 일이 많은 만큼이나 풍성한 명절이었다. 핵가족시대인 현대에 맞추어 살다보니 옛날 설은 아름다운 추억으로 내 가슴에 원형대로 살아 있을 뿐이다.

(2007. 2.)

제4부

꽃과 사람

꽃과 사람

고향의 봄은 팔색조처럼 화사하다. 햇살이 유난히도 눈부신 봄날 꽃에게 눈길을 준다. 마음이 포근해진다. 꽃은 평화와 아름다움의 상징이다. 꽃이 있는 곳에 기쁨과 향기가 있다. 꽃을 선물하는 것은 아름다움을 선물하는 일이다. 꽃을 주어서 좋고 받아서 기쁜 이유가 거기에 있다.

사람들은 사랑하는 사람에게 곧잘 꽃을 선물한다. 그것은 자신의 가장 아름다운 마음을 전하고 싶어서이며 상대방을 꽃처럼 아름답다고 표현하고 싶어서일 것이다. 꽃은 저마다 꽃말과 전설을 갖고 있으며 사랑의 설화를 간직하고 있다.

며칠 전 '하늘만큼 땅만큼'이란 텔레비전 드라마에서 보았던 일이다. J총각은 S양에게 날마다 꽃을 배달시켰다. 결국 그 두 사람은 꽃으로 인해 다시 만나 식사도 하며 사랑을 나누게 되었다.

결국 꽃이 매개媒介 역할을 한 것이다.

꽃에는 신비한 깨우침이 있다. 연꽃은 오랜 수행 끝에 번뇌의 바다에서 벗어나 깨달음에 이른 수행자의 모습에 비유된다. 석가모니는 보리수나무 아래서 깨우쳐 눈을 떠보니 인간들이 호수의 연꽃으로 보였다고 하지 않던가.

꽃에는 주술적 힘이 있다고 믿는 사람들도 있으니 그들은 곧 무당이다. 무당은 꽃을 통해 불가능을 가능으로 바꿔 놓으려고 한다. 그러니까 꽃은 한없이 아름다운 것이며 신비로운 존재다.

나는 그런 꽃에 대하여 그다지 해박한 지식을 갖지 못했다. 꽃에 대하여 특별히 연구하고자 한 바도 없다. 그냥 어렸을 적에 동네 뒷산이나 천변을 뛰어다니며 보았던 찔레나 들찔레, 무덤가에 외롭게 피어 있던 고개 숙인 할미꽃, 국화나 달맞이꽃, 그런 꽃들을 가까이 했을 뿐이다. 좀더 보탠다면 이름도 성도 모르고 그냥 지나치면서 보았던 귀여운 토종 들꽃 정도였다. 그들 중에는 풀 더미 속에 숨어 있는 것들도 많았다. 가시덤불 속의 꽃은 가시덤불이 보호막 역할을 하니 사람이 손을 댈 수 없어 안전지대에서 아름다움을 자랑한다. 특히 금강산에 가서는 위험한 바위 틈에서 웃음짓는 꽃을 많이 볼 수 있었다.

꽃은 신비롭다. 정말 꽃은 종류가 많기도 하다. 초본 꽃으로는 2월부터 변산 바람꽃이 피기 시작하여 튜울립, 옥잠화 등 수없이 많다. 목본으로는 매화, 산수유, 목련, 라일락, 동백을 시작으로 개나리, 진달래, 벚꽃 등 수십 종이 넘는다.

우리 집 정원에도 수십 종의 꽃이 있다. 그 중 천연기념물로 지정된 꽃만도 다섯 가지나 된다. 언제 보아도 예쁘고 귀엽기 그지없다.

우리 인간들이 가는 길은 다양하다. 같은 학교 같은 반에서 공부하고서 졸업한 뒤 먼 훗날 살펴보면 서로 가는 길이 달라져서 교수, 정치인, 법조인, 장관, 외교관, 대통령 등이 되기도 한다. 그런데 어떤 이는 거지 또는 막노동을 하는 사람이나 깡패와 절도로 철창 신세를 지는 사람도 있다. 천차만별이다. 꽃 재배 농장에서 수만 가지 꽃들이 똑같이 자랐지만 어떤 꽃은 결혼식장의 축하 꽃이 되고 어떤 꽃은 장례식장의 조화弔花가 되는 이치와 같다.

꽃은 여러 행사장의 단골손님이다. 결혼식, 졸업식, 출판기념회, 사업장축하연 등은 물론 상여를 꾸미는 꽃과 헌화 등에도 꽃이 빠질 수는 없다. 약 20여 년 전이던가. KAL기 폭파사건으로 수많은 사람들이 참혹하게 죽었을 때의 일이다. 유족들이 태평양에 가서 울부짖으며 꽃다발을 하나씩 바다에 던지던 장면을 텔레비전 뉴스에서 본 적이 있다. 그때 그 꽃들은 죽은 사람들의 원혼冤魂을 달래주며 바다에 수장된 것이다. 그 당시의 일을 생각하면 비통하기 그지없다. 우리 집의 재종손인 고동영再從孫 高東永이 사고 당시 KAL기에 동승하여 참변을 당했다. 그때 꽃과 사람의 인연을 더욱 절실히 느꼈으며 그 참상이 불현듯 떠오른다.

꽃은 아름답다. 향기가 있든 없든 꽃은 아름답다. 꽃과 사람은 즐거울 때는 물론 슬플 때에도 기쁨과 슬픔을 함께 나눈다. 사람과 꽃은 가장 가까운 삶의 동반자다. 철따라 피는 꽃이 있기에 우리의 삶은 더 여유를 얻는다. 꽃이 있기에 살맛나는 세상이라 할 수 있다.

(2007. 5.)

연향蓮香의 초대

연향蓮香의 초대를 받고 그곳으로 달려갔다.

물안개 피어오르는 여름날의 이른 아침, 넓고 푸른 연잎 위의 수정같이 맑은 이슬방울은 바라보는 것만으로도 마음이 깨끗해지는 느낌이었다. 해마다 여름이 오면 덕진 연못의 연꽃 향기는 어김없이 나를 초대하곤 했다. 오늘은 동녘의 햇살이 유난히도 붉게 떠오른다. 비갠 다음날의 일기는 하늘과 땅 온 대지가 목욕 후의 나신裸身처럼 깨끗하고 맑다. 한없이 푸른 하늘을 바라보니 내 가슴도 확 트이고 새 희망이 솟구쳐 올랐다.

오랜 장마 때문에 눅눅해진 집안을 대충 정리하고, 아내와 함께 연향을 찾아 나섰다. 날개가 돋은 듯 발걸음도 가벼웠다. 덕진 연못 입구에 다다르니 짙은 연향은 벌써 문밖까지 달려나와 반갑게 맞아주었다. 정문인 연지문蓮池門을 들어서니 전주 시민이 모두 다 모인 듯싶었다. 특히 장마가 잠시 멎은 주말이어서 연향을 찾아온 탐방객이 더 많은 것 같았다. 지팡이를 짚은 할아버지와 할머니, 활기 넘치는 젊은이, 꿈나무 어린아이들까지 모두 모여들었다. 정말이지 인산인해란 표현이 적절하려니 싶었다.

우리 부부가 평소 자주 다녀서 지기知己처럼 정이 든 연못이다. 인파에 밀려 연지교蓮池橋를 조심스레 건너며 우리를 반기는 연꽃의 자태에 젖어들었다. 연못을 한 바퀴 돌며 연꽃에 투영投影된 옛 이야기를 한없이 펼쳐보는 것도 즐거웠다.

연꽃들은 모두 푸른 연잎을 양산처럼 받쳐들고 있었다. 연향은 스멀스멀 코를 파고들었다. 너무나도 낭만적인 정경이고 서정적인 분위기를 연출하고 있었다. 금세 시라도 한 수 읊조리고 싶다는 생각이 치솟았다. 답답한 집을 빠져나오길 참 잘했다는 생각이 들었다.

연못 한가운데 수중 정자인 연지정蓮池亭에 올라 널따란 꽃밭을 관망했다. 그 넓은 호수를 가득 메운 연꽃의 향연이 볼 만했다. 푸르고 넓고 탐스런 잎사귀, 황새 모가지처럼 쭉 뻗은 귀여운 노랑 꽃대, 그 사이 사이에 연분홍 빛깔을 뽐내며 활짝 핀 연꽃들, 정말 눈이 부시게 화려하고 장엄했다. 온 방죽에 꽃방석을 깔아 놓은 듯싶었다. 곱게 화장한 여인의 입술같이 아름답고 신비한 연꽃, 참으로 깨끗하고 우아한 모습이었다.

어느 꽃보다 단연 빼어난 자태다. 또한 코를 찌를 듯한 연꽃 향기는 쉬지 않고 흘러 다녔다. 정말 황홀지경이란 이런 때 써야 제격이지 싶었다. 연꽃은 진흙 속에서 살면서도 거기에 물들지 않고 언제나 고결하고 아름다운 모습을 자랑한다.

대부분의 꽃들은 같은 시기에 핀다. 그러나 연꽃은 피고 지기를 거듭 되풀이한다. 이집트에서는 연꽃을 탄생과 거듭 태어나는 생명, 즉 재생이라는 뜻의 불사조로 생각한다고 들었다. 연꽃은 해뜰 때 피었다가 해질 때 지는 속성을 갖고 있다. 때문에 태양을 숭배하고, 내세來世의 무량한 생명을 상징하기도 한다. 또 연꽃은 제행무상, 인연 등 깨달음을 담고 있는 꽃이기도 하다. 그래서 이집트에서는 연꽃을 국화國花로 지정하고 귀중하게 여기는 모양이다.

≪화엄경≫ 탐연기探蓮記에 보면 연꽃은 모든 품성을 다 갖추고 있어서 4가지 덕목德目을 지녔다고 했다. 첫째 향香이요, 둘째 결潔, 셋째 청淸, 넷째 정淨이다. 정말 격조 높은 덕목으로 여겨진다.

이 연지정은 이곳 덕진 연못을 찾는 모든 탐연객探蓮客들의 수중 쉼터요, 연꽃과 향을 찾는 모든 이의 조망대眺望臺이기도 하다. 정자의 현판은 한국서단의 거목이신 서예가 여산 권갑석如山 權甲石 선생의 글씨로 굳세고 강건하면서도 살아 움직이는 듯한 변화의 운치가 보태어진 행서의 연지정蓮池亭이라는 글씨가 연꽃과 향을 찾는 이의 품격을 높여 주는 것 같다. 또한 한시로 유명한 청암晴菴 韓相薰 선생의 '애련시愛蓮詩' 한 편이 걸려 있어 운치를 더해 주었다.

우리 부부는 연꽃에 반해 호수를 몇 바퀴를 돌다가 호숫가 휴게소에 앉았다. 시원한 맥주를 마시면서 많은 이야기를 나누었다. 연꽃을 벗삼아 마시는 술은 취하지도 않고, 그 어느 때보다도 술맛이 천하일미였다. 연꽃과 연향은 내년 이맘때에도 또다시 우리 부부를 초대해 줄 것이다.

(2003. 9.)

궁남지 연꽃

옛 백제고을에 화려한 연꽃잔치가 펼쳐졌다.

서동과 선화공주의 설화가 연꽃 향기로 피어난 곳, 궁남지. 옛 백제의 왕도였던 부여, 서동공원 궁남지에서는 연꽃축제가 한창이었다. 궁남지에 들어서니 짙은 연향蓮香이 제일 먼저 달려와 우리를 반겨 맞아주었다.

행사장은 바다같이 넓었다. 사람들은 흔히 말하기를 좀 넓은 장소를 바다 같다고 한다. 과연 그렇다. 서동공원의 면적은 10만 평, 연 방죽이 무려 5만 평이나 된다는 설명이다. 그렇게 넓은 연지蓮池는 처음 보았다. 정말 바다 같았다.

어디서 그렇게 많은 사람들이 꾸역꾸역 모여들었는지 인산인해란 말이 적절한 표현인 듯싶었다. 우리 일행은 인파에 밀려 연꽃 방죽으로 향했다. 그 넓은 방죽은 꽃방석을 깔아 놓은 것 같았다. 연꽃은 곱게 화장한 여인같이 아름답고 신비로웠다. 참으로 깨끗하고 우아한 모습이었다. 어느 꽃보다 더 빼어난 자태였다. 그 넓은 호수를 거의 메운 연꽃의 향연이 볼 만했다.

짙푸른 넉넉한 잎, 하늘 향해 쭉 뻗은 노랑 꽃대, 그 사이사이 수줍은 듯 피어난 연꽃들, 정말 눈이 부시게 화려하고 수려한 자태다.

옛날부터 연꽃은 화중군자라고 했다. 수많은 꽃 가운데 군자라니 바로 꽃 가운데서 으뜸의 꽃이란 뜻이다. 연 방죽을 한참 돌다 보니 그 종류도 다양했다. 홍련, 백련, 황수련, 왜가연, 백수련, 적수련 등 무려 50여 종류 이상이라고 한다.

궁남지 중간 부분에 설치된 나무다리를 건너 수중 정자인 포룡정에 올랐다. 정자에 올라 사방을 굽어보니 전망이 아주 시원하게 잡혔다. 언덕에는 수양버들을 많이 심어 푸르니 운치가 한결 더 좋았다. 이 정자는 궁남지 연못을 찾는 모든 탐연객探蓮客들의 쉼터요, 연꽃과 향을 찾는 모든 이의 조망대眺望臺라 할 수 있다.

연꽃을 바라보노라니 세상 모든 시름이 다 사라지고 지나가는 미풍조차 멈춘 듯 평온하기만 했다. 막힌 가슴이 툭 터지며 상쾌하기 짝이 없었다.

정자에 앉아 연꽃을 바라보았다. 연향에 취하니 중국의 유명한 학자 주렴계(周子)의 애련설 한 구절이 떠올랐다.

"나는 홀로 연꽃을 좋아한다. 그것은 연꽃이 진흙에서 나왔으면서도 거기에 물들지 않고, 맑은 물결에 씻기면서도 요염하지 않으며, 속은 비고, 겉은 곧으며, 덩굴은 뻗지 않고, 가지를 치지 않으며, 향기는 멀수록 더욱 청아하고, 우뚝 깨끗하게 서 있어서,

멀리서 바라볼 수는 있으나 함부로 가지고 놀 수 없기 때문에 연꽃을 사랑한다."

축제장에서 배포하는 안내문을 살펴보니 시 낭송회, 연꽃사진 촬영대회, 궁남지 무왕행차 재현, 선화공주 결혼식 재현, 선화공주 포룡정 재현, 국악단 초청공연 등 60여 가지의 프로그램으로 17일간 열린다고 되어 있었다.

궁남지宮南池는 현존하는 우리나라의 연못 가운데 최초의 인공 조원造苑이다. 삼국사기 무왕 35년(634)에 궁 남쪽에 못을 파고 20여 리나 먼 곳에서 물을 끌어들이고 못 언덕에는 수양버들을 심었다고 한다. 못 가운데는 방장선산方杖仙山을 모방한 섬을 만들었다고 한다. 우리나라 역사에서 최초로 정원 연못을 조성했다는 기록이다.

궁남지 초입에는 마동설화를 새겨 놓은 비碑가 있다. 삼국유사에 실린 무왕의 어머니가 이 궁남지에 살던 용과 교통하여 마동을 낳았다는 이야기이다. 또한 서동과 선화공주의 국경을 초월한 사랑이야기를 느낄 수 있는 곳으로 청춘남녀의 발길이 끊이지 않는 로맨틱한 공원이다. 궁남지는 여러 가지 설화를 낳은 신비로운 연지임에 틀림없다.

우리문화유산사랑회는 한 달에 한 번씩 전국의 유명한 문화유적지를 탐방하는 단체다. 그런데 이번에는 백제의 역사와 연꽃 향기가 가득한 부여 궁남지를 찾았다. 매월 유적을 탐방하였지만 이번 탐방지 선택은 아주 잘했다는 생각이 들었다. 아직도 궁남지의 연꽃 향기가 스멀스멀 피어오르는 것 같다.

(2007. 8. 1.)

불갑산 꽃무릇

해마다 9월이면 불갑산 꽃무릇을 찾는다. 언제나 불갑산의 9월 산색山色은 그 모습 그대로다. 올해도 또 불갑산을 찾았다. 꽃무릇에 반해 해마다 찾아가니 그 꽃무릇도 나를 알아보는지 밝게 웃으며 반겨주는 듯했다.

마음이 스산하면 산길을 걷는다. 산에 올라 확 트인 정경을 굽어보는 것은 즐거운 일이다. 풀 한 포기 꽃 한 송이와도 유정하게 눈을 맞추면 정이 두터워지고 의미 있게 내게로 다가온다.

매월 셋째 주 일요일은 어김없이 산을 찾는 날이다. 변산산우회에서 30여 년 전부터 산행을 해왔기 때문이다. 그런데 올해는 그 날이 추석이라 1주일 순연하여 그 넷째 주에 떠났다. 고향사람들끼리 한 달에 한 번씩 모여 친목도 다지고 산을 찾아 호연지기도 기르니 쾌감과 성취감도 있어 이만저만 즐거운 게 아니다.

요즘 며칠 동안 날씨가 흐리더니 오늘따라 구름 한 점 없이 높푸르고 맑은 가을 날씨다. 날씨도 우리의 산행을 반겨주는 것 같다.

정원을 꽉 채운 관광버스는 경쾌하게 달렸다. 양편 길섶에 핀 코스모스가 활짝 웃으며 손을 흔들어 주었다. 들녘의 논밭은 황금빛으로 물들어 풍년을 구가謳歌하고 있었다. 참새들도 덩달아 푸짐한 먹을거리에 흥이 난 듯 연신 즐거워하는 모습이다. 차창 밖의 가을 경치에 도취되는 동안 버스는 어느새 불갑산 입구 주차장에 닿았다.

벌써 주차장은 만원이었다. 차량번호들을 보니 강원도, 서울, 부산 등 멀리서 온 차들도 많이 눈에 띄었다. 어찌나 관람객이 많은지 꽃무릇 동산은 인산인해란 말이 적절한 표현일 것 같았다.

그리 높지도 낮지도 않은 산이 바로 불갑산이다. 산의 초입에 있는 불갑사 뒤편 동산은 마치 융단을 깔아 놓은 듯 꽃무릇이 지천이었다. 보는 이들마다 감탄사를 연발한다. 그렇다. 꽃무릇 천지라 해도 과언이 아닌 듯싶었다.

불갑산 최고봉인 연실봉(蓮實峯 : 516m)을 오르는 등산로 양편에도 꽃무릇이 즐비했다. 얼마나 사람들의 발길이 닿았는지 짓밟혀진 꽃들도 많이 볼 수 있었다. 정상 바로 밑 해불암海佛菴 주변까지 꽃무릇은 자리잡고 있었다. 온 산이 꽃무릇으로 뒤덮이다시피했다.

연실봉에 올라 사방을 바라보며 많은 생각을 했다. 그렇게 많은 꽃무릇이 어떻게 정상까지 모여들었을까. 동백골은 온통 꽃무릇 꽃밭이었다. 바위틈을 비집고 뿌리를 박은 꽃무릇이 온몸을 드러낸 채 서 있었다. 가벼운 잠자리가 앉아도 휘청거릴 것 같은 가냘픈 꽃대를 내밀고 거기에 붉고 화려한 꽃을 피웠으니 그 생명력에 감탄하지 않을 수 없다.

불갑산은 사연도 많다. 상사화相思花! 이름만 들어도 슬픈 사연이 듬뿍 묻어난다. 아주 오랜 옛날 산사 깊숙한 토굴에서 용맹정진하던 젊은 스님이 있었다. 그러던 9월 어느 날 소나기가 장대처럼 내렸다.

스님은 불공을 드리러 왔다가 나무 밑에서 비를 피하고 있는 한 여인에게 한눈에 반해 사랑에 빠졌다. 수행도 멈추고 가슴앓이를 하던 스님은 석 달 열흘 만에 상사병으로 피를 토하고 죽었다고 한다. 그 스님이 쓰러진 그곳에 붉은 꽃이 피어났는데 바로 그 꽃이 상사화라는 것이다. 그래서 훗날 사람들은 서로를 그리워하지만 만날 수 없는 숨바꼭질 같은 사랑을 상사화사랑이라 했다 한다. 정말 그 사연은 가슴이 찡하고 애절하기 그지없다. 그 꽃은 피는 시기에 따라 이름(상사화, 꽃무릇, 석산화 : 石蒜花, 노아산 : 老鴉蒜)도 다르다.

인도의 승려 마라난타摩羅難陀가 백제 침류왕 1년에 동진東晋으로부터 불법을 전하면서 처음 지은 불법도량이 불갑사佛甲寺라 한다. 이 불갑사 주변에는 천연기념물 112호인 참식나무가 있다. 인도의 공주가 신라의 경운 스님과 헤어지면서 내세來世에서라도 사랑을 맺자며 이 참식나무를 정표로 주었다고 한다. 어느 산에도 이렇게 애절한 사연이 한꺼번에 얽혀진 경우는 드물 것이다.

불갑산 석양의 운무가 산을 서서히 감싸면서 피안의 세상을 만들었다. 불갑산에서는 상사화의 잎과 꽃이 미래를 기약하면서 나누는 사랑이야기와 참식나무에 얽힌 사랑이야기 그리고 비둘기가 어서 집으로 돌아가자고 짝을 부르는 소리 등이 한데 어우러져 사랑의 합주가 이어지는 것 같다.

(2005. 9. 25.)

능소화

여름에 피는 꽃, 능소화. 해마다 이맘때면 어김없이 피는 게 능소화다. 며칠 전부터 이웃집 고목나무에 적황색 능소화꽃이 주렁주렁 매달려 황홀한 자태를 자랑하고 있다.

이른 봄부터는 2월 변산 바람꽃을 비롯하여 목련, 진달래, 미선나무, 벚꽃 등 수없이 많은 꽃이 핀다. 그야말로 4, 5월경은 산과 들, 구릉에까지 꽃이 피어 이른바 꽃천지라 해도 과언이 아닐 듯 싶다.

여름이 되면 고귀한 전설을 지닌 꽃들이 피는 것 같다. 지금은 능소화를 비롯하여 무궁화, 자귀나무꽃, 백일홍이 만개하여 기쁨을 선사하고, 잠시나마 더위를 잊게 해준다. 특히 능소화는 슬픈 전설을 지니고 있는 꽃이다.

옛날 복숭앗빛 뺨에 자태가 고운 '소화'라는 어여쁜 궁녀가 있었다. 임금의 눈에 띄어 하룻밤에 빈의 자리에 앉는 영광을 차지했다. 그 뒤 마냥 임금님이 찾아오기를 기다렸다. 혹시 임금이 자기 처소에 가까이 왔다가 돌아가지는 않을까! 담장을 서성이며 발자국 소리라도 나지 않을까! 그림자라도 비치지 않을까! 담장 너머로 쳐다보며 안타까운 기다림의 세월이 흘러갔다. 어느 여름날 기다림에 지친 '소화'는 상사병으로 세상을 뜨게 되었다. 잊혀진 구중궁궐의 한 여인은 "담장 가에 묻혀 내일이라도 오실 임금님을 기다리겠노라." 애달픈 유언을 남긴 채 그렇게 사라져갔다. 이듬해 여름 '소화'가 살았던 처소의 담장을 덮으며 주홍빛 꽃이 넝쿨을 따라 주렁주렁 피어났다. 조금이라도 더 멀리 밖을 내다보며 발자국 소리를 들으려고 꽃잎을 넓게 벌린 꽃이 피었으니 그것이 바로 능소화凌霄花라고 한다.

능소화를 보면 유년 시절 고향에서의 추억이 떠오른다. 고향집은 안채와 사랑채, 곳간이 있었다. 사랑채 화단의 귀퉁이에는 능소화가 한 그루 있었는데 처음에는 참죽나무를 의지하여 뻗어 오르다 결국은 그 나무의 목을 죄며 뱀처럼 휘휘 감고 올랐다. 그 화려한 주홍빛 능소화도 긴긴 장마철에는 절기에 순응하며 뚝뚝 떨어졌다. 나는 친구들과 그 꽃을 주워 꽃목걸이를 만들어 목에 걸기도 했다. 키가 크고 나이가 많은 이병선이란 친구의 솜씨가 제일 좋았다.

꽃잎과 입을 맞추며 꽃목걸이로 장식하고 개선장군처럼 집으로 돌아왔다. 할머님과 어머님께서는 독성이 많은 꽃을 하루 종일 만졌으니 실명할 수도 있다며 꾸지람이 이만저만 아니었다. 응급처치로 먼저 목욕을 시킨 뒤 독성을 제거하는 데는 참기름이 제일이라며 참기름을 먹여 주시는 등 여러 가지 민간요법을 동원하셨다. 그야말로 철부지 때 능소화에 얽힌 추억이다.

능소화는 뜨거운 여름에도 도도하게 꽃잎을 접지 않는다. 그런 고운 빛깔의 꽃이 혼자의 힘으로는 서 있지 못한다. 긴 줄기 어디라도 감고 올라가서 피는 기생寄生꽃이다.

능소화는 부모에게 기대며 살아가는 요즘의 일부 젊은이들과 같은 꽃이다. 예전 같으면 결혼을 해서 아이들 두엇을 낳아 기를 나이인 삼사십이 다 되도록 가정을 이룰 생각은 안하고 독신을 고집하는 신세대가 늘고 있다. 경제적으로나 정신적으로 불편 없이 뒤치다꺼리를 해 주는 부모를 믿고 자립할 생각을 안 하는 것 같다.

우리의 2세가 능소화처럼 기대어 살아가려는 습성을 갖게 된 것은 일부 부모의 책임이 크다. 홀로서기를 하도록 강하게 밀어내지 못하고 자식을 상전으로 떠받들다시피 한 결과다. 능소화는 홀로서기가 버거워 잎의 나무를 괴롭히며 어린나무의 숨통을 조이고 있다. 능청스러운 저 능소화는 우리 주변에서 부모에게 의탁하며 살아가는 신세대와 다를 게 없지 않은가!

한해살이 식물인 작달막한 목화는 버거운 다래를 주렁주렁 매달고도 홀로 서 있는 강단과 독립성을 보여주지 않던가. 그런 목화와 능소화를 비교하면 대조를 이룬다.

능소화는 양반꽃 · 금등화金藤花 · 여위화女葳花 · 자위화紫葳花 · 추태화墜胎花 등 이름도 많고 사연도 많다.

며칠 전 시내 반월동의 한국도로공사 수목원을 찾아갔다. 그곳에 능소화가 한참 만개했다는 소식을 듣고 간 것이다. 수목의 생태와 연구관리를 총괄하는 소재현 연구과장과 직원들이 친절히 맞아주며 상세히 설명을 해 주었다. 57,000여m² 에 목초본 3천 2백여 종의 수목이 밀림을 이뤘다. 어찌나 조경을 예쁘게 잘 해 놓았는지 정말 장관이었다. 수종의 형태나 모양이 각양각색이어서 더위도 잊은 채 도취되었다.

그 많은 나무 중에 능소화는 여기저기 식재되어 키가 큰 나무를 타고 올라가 꽃을 피우니 고상하고 귀티가 자르르 하다. 또한 숲 속의 왕자처럼 숲속의 능소화는 한결 특이하여 눈에 띄었다.

능소화는 이런 설화를 안고 있다. 하늘이 높다한들 제 얼마나 높으랴! 하늘을 능멸하며 하늘 높은 줄 모르고 헛손질을 하며 계속 오르고 있다는 것이다.

어떤 꽃이든 아름답지 않은 꽃이 있으랴. 꽃이 아름다운 것은 열흘 넘게 붉게 피어 있는 꽃이 없어서 그런 것 같다. 그 곱디곱고 슬픈 사연을 안고 있는 능소화, 열흘 동안이나 기다리다 지쳐 쓰러지는 허망함이라니. 지는 꽃의 아픔인들 어찌 없을까.

(2008. 7. 25.)

배롱나무

배롱나무 꽃이 흐드러지게 피었다. 매년 이맘때면 길손의 발걸음을 붙잡는 게 배롱나무꽃이다. 또한 여름에 피는 꽃 중 가장 화려한 꽃이 백일홍 즉 배롱나무꽃인 듯싶기도 하다.

우리 집 뒤란에는 백일홍 두 그루가 있고, 집 옆 소공원에도 백일홍 두 그루가 있다. 토리土理의 차이가 있어서 그런지 7월부터 피기 시작한 꽃은 8월 중순까지 3주에 걸쳐 피었는데 그 중 한 그루는 이제 꽃망울을 머금어 길손들에게 아름다운 꽃을 선보일 준비를 하고 있다. 일찍 자태를 뽐낸 꽃에 비하면 그 꽃은 지각생이라 하지 않을 수 없다.

7월부터 9월까지 피는 백일홍은 남부지방 가는 곳마다 장관을 이룬다. 옛 어른들은 배롱나무를 아무데나 마구 심지 않았다. 나무줄기가 매끄럽기 때문에 여인의 나신裸身을 연상시킨다는 이유로 대갓집 안채에는 심지 않았다. 디딜방아가 남녀 간의 교접을 연상시킨다 하여 집안에 들이지 않고 골목 어귀나 헛간 뒤쪽에 설치한 이유와 비슷하다.

그러나 사찰의 뜰이나 서원 주변에 많이 심었던 나무가 배롱나무다. 사찰의 뜰에 많이 심었던 이유는 배롱나무가 껍질을 다 벗어 버리듯 스님들 또한 세속의 때를 완전히 벗어버리라는 뜻이라 했다.

서원 주변에 심는 것은 나무의 껍질이 한 겹 한 겹 벗겨지는 것처럼 충직과 청정을 상징하기 때문이라고 했다. 그래서 그런지 포충사褒忠祠 경내에는 40여 그루의 배롱나무가 있다. 중년의 나이를 훨씬 넘긴 그 배롱나무의 붉은 꽃은 불타는 여름을 더욱 정열의 극치로 몰아가는 것 같다. 포충사는 임진왜란(1592년)이 일어나자 3부자가 의병을 일으켜 7천 명을 거느리고 왜적과 싸우다 순절한 제봉 고경명霽峰 高敬命 선생의 충절을 기리고자 세운 사당이다. 이런 애국 충절을 기리기 위해서 나라에서는 충렬공의 시호와 포충사褒忠祠의 사액을 내리고 해마다 4월 15일에 추모제를 올리도록 하였다. 선생의 애국심에 화답이라도 하는 듯 포충사 백일홍은 유난히도 붉고 붉다.

백일홍은 슬픈 사연을 지닌 꽃이다. 옛날 한 여인과 사룡이 사랑하고 있었다. 이무기가 심한 질투로 훼방을 놓으려고 나타났다. 사룡은 여인과의 사랑을 이루기 위해 이무기와 목숨을 건 혈투를 벌이게 되었다.

사룡은 여인에게 반드시 이무기를 물리치고 돌아오겠다고 다짐했다. 싸움에서 지면 뱃전에 붉은 깃발이 걸릴 것이고 이기면

흰 깃발을 달고 돌아올 것이라고 약속했다. 며칠 뒤 사룡의 배가 수평선 너머로 나타났다. 가슴 조이던 여인은 깃발부터 살폈는데 뱃전에서 나부끼는 깃발은 붉은 깃발이었다.

희망을 잃은 여인은 그대로 절벽 아래 바다로 몸을 던졌다. 뱃전을 돌아보던 사룡은 여인이 바다에 몸을 던진 까닭을 알아내고 땅을 치며 후회했다. 뱃전에 걸린 깃발이 선명한 붉은 빛이었다. 자신의 칼에 찔려 몸부림치던 이무기의 피가 흰 깃발을 붉게 물들였던 것이다. 여인의 시신을 양지바른 곳에 묻어주었더니 이듬해 봄 그 무덤에서 곱고 매끄러운 껍질의 나무 한 그루가 돋아났다. 여름이 되자 그 나무에서 붉은 깃발에 맺힌 한을 풀려는 듯 붉은 꽃이 피어나 오래도록 사룡의 곁에 머물렀다고 한다. 이 꽃이 바로 백일홍이다.

배롱나무를 심은 사람이 죽으면 3년 동안 하얀 꽃이 핀다는 속설이 있지 않던가! 그 나무는 매우 충직한 나무다. 오죽하면 꽃말이 '떠나간 임을 그리워함'일까.

배롱나무는 중국이 원산지다. 부산광역시 양정동에 있는 배롱나무는 천연기념물 제168호로 지정되어 보호받고 있다고 한다. 수령이 8백여 년이나 되는 노거수老巨樹다.

배롱나무는 자주색 꽃이 핀다하여 자미화紫微花, 백일 동안이나 핀다하여 백일홍百日紅, 온 집안이 붉은빛으로 가득하다고 만당홍滿堂紅이라고도 불렀다. 또 매끄러운 나무줄기를 긁으면 이파리가 떠는 것 같아 간지럼나무라고도 부른다.

고향의 청림초등학교 교정에는 배롱나무가 여러 그루 심어져 있다. 유년 시절 친구들과 배롱나무 간지럼태우기 놀이를 한 적도 있다. 장난기가 많은 노명래란 친구는 나무를 흔들며 1등이라고 우겨대던 기억이 떠오른다.

예로부터 배롱나무는 꼿꼿한 선비들의 사랑을 받아온 나무다. 사당이나 정자 주변에 많이 심고 풍류를 읊었던 꽃이다. 곧은 선비 사육신 성삼문成三問 선생은 백일 동안 피는 백일홍을 보고 이렇게 멋진 시 한 수를 읊었다.

> 어제 저녁 꽃 한 송이 지고(작석일화애 : 昨夕一花衰)
> 오늘 아침 꽃 한 송이 피어(금조일화개 : 今朝一花開)
> 서로 일백 일을 바라보나니(상간일백일 : 相看一百日)

예로부터 선비들의 사랑을 흠뻑 받았던 백일홍, 그 백일홍이 삼천리금수강산에 활짝 피어서 온 겨레가 백일홍의 그 올곧은 선비정신을 본받았으면 좋겠다.

(2008. 8.)

자귀나무

오늘 따라 햇살이 유난히도 눈부시다. 그런 햇살을 받은 자귀나무꽃은 너무 우아하여 지나가는 길손의 발길을 멈추게 할 정도다.

자귀나무 아래에서 고향의 자귀나무를 떠올린다. 어렸을 적 친구들과 냇가에서 고기잡이를 하며 놀곤 하였다. 그때마다 고기잡이 준비로 으레 자귀나무의 연한 순과 가지를 꺾었다. 냇가 푹 파인 바위에 얹어 놓고 돌로 찧어 즙을 냈다. 고기가 숨어 있을 만한 곳을 골라 그 즙을 풀어 놓고 막대기로 휘휘 저으면 비늘이 없는 고기들이 먼저 물 위로 떠올랐다.

고기가 입을 벙긋거리며 물 위로 떠오르면 우리들은 한 마리라도 더 잡으려고 서로 밀치고 넘어져 허우적거리기도 했다. 어른들이 보면 우스웠을 것이다. 고기를 잡고 나온 친구들의 손은 한

결같이 자귀나무즙이 물들어 파란 염색을 한 것 같았다. 그것은 어렸을 적 고기잡이에 얽힌 추억이다.

자귀나무는 그 지역 농가의 녹비용으로 쓰였다. 당시에는 비료가 귀한 때라 우리 집 머슴 복철 아범은 여름이면 늘 자귀나무만을 퇴비나무로 고집하였다. 그것은 자귀나무가 다른 풀과 달리 땅을 비옥하게 하는 성분이 워낙 많기 때문이라고 했다.

매년 여름이면 녹비를 장만하는 일은 당시 우리 집을 비롯한 농촌의 연례행사였다. 우리 집은 10여 명의 인부들을 사서 녹비 예초작업을 하곤 했다. 그 풀 중에는 자귀나무가 가장 많았다. 그만큼 자귀나무는 산에 흔하였다. 그 풀들을 잘게 썰어 퇴비를 장만해두고 농사를 지었다. 그 풀 더미는 지붕보다 높고 노적가리보다 컸다. 그 녹비 더미의 규모가 풍년의 약속이었다. 그 풀들이 바로 농가의 효자들이었다.

지금은 농사를 짓는 법이 고도로 발달한 세상이다. 농사를 지을 때 밑거름용, 웃거름용, 중간 비료 등 손쉽게 사용할 수 있는 게 비료다. 녹비 거름이란 말은 이제 옛날이야기로만 들린다.

봄이면 매화 목련 진달래 개나리 철쭉 등 수없이 많은 꽃이 온 천지를 형형색색으로 물들인다. 그런데 여름에 피는 꽃은 무궁화 자귀나무 백일홍 모감주나무 등 그리 많지 않다. 보통 꽃은 화무십일홍인데 자귀나무꽃은 근 두 달여 그 자태를 뽐낸다.

자귀나무는 화를 가라앉히고 기쁨을 솟아오르게 하여 행복감을 느끼게 하는 성분이 있다고 한다. 오죽하면 당나라의 양귀비는 자귀나무 뿌리의 껍질을 벗겨 삶은 물을 최음제(催淫劑)로 상시 복용했다지 않던가. 그것을 보아도 기분을 끌어올리는 성분이 함유되어 있는 것 같다. 또한 어릴 적 고향에서 고기잡이로 자귀나무 즙을 이용한 것도 그 최음성 때문에 고기가 마취되어 어린 우리에게 쉽게 잡힌 것 같다.

자귀나무는 이름과 설화가 많기도 하다. 밤이 되면 잎들이 서로 맞붙어 잠을 잔다 하여 합환목合歡木, 야합수夜合樹, 유정수有情樹라고 하고, 소가 잘 먹는다 하여 소밥나무 또는 소쌀나무, 부부금실의 상징으로 합혼목合婚木이라 하였다. 붉은 비단실을 풀어 놓은 듯 나풀거리는 꽃이 아름답고 화려하여 실크트리(silk tree)라는 영어 이름도 있고 콩깍지 같은 열매가 바람에 흔들려 시끄러운 소리를 내기 때문에 여설수, 한자로는 좌귀목佐歸木 등 그 외에도 많은 이름이 있다.

중국의 두양이라는 사람에게는 현명한 부인이 있었다. 그는 해마다 여름이면 자귀나무꽃을 따서 말렸다. 꽃을 베개 속에 넣어 두었더니 부부금실이 좋기로 장안의 화제였다. 혹 남편이 불쾌한 일이 생기고 우울해 하면 이 꽃을 술에 넣어 마시게 하여 기분전환을 시켰다고 한다. 합환목, 애정목 음양합일목이라는 이름과 잘 어울리는 설화이다.

이 나무는 남부지방에 골고루 분포되어 있지만 특히 국립공원 변산반도 산기슭에는 군락을 이루어 피기 때문에 화사하기 이를 데 없다. 우리나라뿐만이 아니라 중국 일본 동남아시아 유럽 인도 이란 아프리카 등지에 분포한 나무이다.

몇 년 전 유달산에 간 적이 있다. 여느 자귀와는 달리 흰노랑으로 피어 그 자태를 뽐내는 자귀나무가 눈에 띄었다. 그녀석이 바로 왕자귀목이라고 했다. 그 나무는 빛깔과 꽃잎의 하늘거림이 더욱 신비감을 주었다.

모든 잎이 짝을 이뤄 합해지므로 부부금실을 상징하는 나무요, 집안에 심어 두면 가족이 화목하게 되는 나무다. 분단장하는 여인네 화장솔같이 생긴 담홍색 꽃이 석양녘 바람에 나부끼면 가녀린 여인의 속마음을 엿보는 듯한 착각이 들 정도로 예쁜 꽃이다. 마치 첫날밤 새색시의 연분홍 볼처럼 수줍은 얼굴을 하고 있다.

가정의 화목과 부부금실의 상징이자 합혼목인 자귀나무를 마당가에 심어두고 아침 저녁으로 눈을 맞추며 백년해로를 빌고 싶다.

(2007. 7.)

박꽃

순백의 꽃, 박꽃! 박꽃은 귀한 꽃이요 순결한 꽃이다. 꽃은 저마다 개화 시기와 피어나는 시간이 다르다. 또한 꽃들마다 서로 다른 향이나 모양, 유래를 갖고 있다.

요즈음 우리 집 보리수나무에는 박꽃이 주렁주렁 매달려 있다. 그 박꽃은 아내가 보리수나무 밑에 박씨를 심어 그 나무로 올린 것이다. 짙푸른 나무에 흰 꽃이 피어 있으니 도심 속의 귀한 꽃이요 길손의 눈요깃거리가 된다. 길손들은 여름에 흰 꽃을 보기가 어려운데 해마다 우리 집에서 볼 수 있어 좋다며 한 마디씩 칭찬을 한다.

지금쯤 시골 어느 초가지붕 위에는 순백의 박꽃이 활짝 피었으리라. 수줍고 여린 박꽃이 지붕 위에서 얼굴을 드러내면 달빛이 내려와 박꽃을 품는다.

박꽃은 그저 바라보기만 하는 꽃이다. 박꽃은 피자마자 이내 얼굴을 감추어 좀처럼 자신의 모습을 드러내지 않는 꽃이기에 떨어지는 그 꽃잎조차 가련해서 가질 수가 없다.

순결의 상징인 박꽃은 슬픈 사연을 지닌 꽃이다. 아주 옛날 순수한 농부의 아내로서 행복하게 살던 여인이 있었다. 그녀가 절세미인이라는 소문이 구중궁궐의 임금님 귀에까지 들렸다. 그래서 그 여인은 마침내 궁궐로 끌려가게 되었다. 임금은 그 여인이 어찌나 예쁜지 넋이 빠질 정도였다. 왕비가 될 수도 있는 그날 밤, 그 여인은 동침을 요구하는 임금의 청을 받아들이지 않았다. 그리하여 그녀는 죽임을 당하고 말았다.

그녀의 시신이 집으로 돌아오자 농부는 청천벽력 같은 현실에 몸부림을 치지 않을 수 없었다. 그 농부는 죽은 아내를 살릴 수 있는 약을 찾아 길을 떠났으나 십 년이 지나도 돌아오지 않았다. 죽어서도 남편을 기다리는 아내의 넋이 마침내 초가지붕에 박꽃으로 피어났다. 그러니 박꽃은 얼마나 슬프고도 애틋한 전설을 지닌 꽃인가.

박꽃과 능소화는 꽃의 모양이나 크기가 서로 닮았다. 능소화는 사랑이 서린 꽃이지만, 박꽃은 자신의 정조를 지키려는 아낙의 일편단심이 맺힌 한의 꽃이다.

박꽃은 행상을 나갔다가 돌아오지 않는 남편을 기다리는 정읍사井邑詞의 여인 같은 순백의 마음이다. 능소화는 첫사랑의 임금님을 기다리느라 황홍색이 되었지만, 박꽃은 임을 향한 일편단심이 달빛에 젖어 흰색이 된 꽃이다.

개방되다시피 한 성문화를 생각하면 현대인들에게 박꽃의 전

설은 꿈같은 이야기로 들릴 듯싶다. 박꽃은 석양 무렵 피었다가 아침 햇살을 받으면 시드는 꽃이다.

박꽃은 고향의 초가지붕에 흔하게 피었던 꽃이다. 나의 고향집은 안채와 사랑채 헛간채가 있었다. 그런데 박은 헛간채와 닭집, 돼지막 등 허술한 지붕에 올렸고, 울타리나 밭두렁, 언덕 등에도 심었다.

가을이면 잘 익은 박 수십 개를 수확하곤 했다. 일년초 식물에서 박만큼 몸집이 크고 풍성한 열매를 수확하기란 쉽지 않다. 박을 타서 크고 작은 살림 도구로 썼고, 박 속은 술안주나 반찬으로 만들어 먹었다. 아버님은 애주가이셨다. 어머님이 정성껏 빚은 가양주에 조롱박으로 술 몇 잔을 드시면 으레 시조 두어 수를 읊으셨다. 예로부터 시인들은 시골 초가지붕에 주렁주렁 열린 박을 소재로 시를 썼고, 여인들은 박 속을 요리하여 웰빙식품을 만들었다.

흥부네가 박을 타면 흥박이요 놀부네가 박을 타면 망박이라던가. 요즘도 결혼 전날 함을 팔러 가서 바가지를 밟아 깨야 길조라고 했다. 사람이 죽어서 발인제를 하기 전 바가지를 깨트려야 잡귀를 물리치고 망인이 명당으로 들어간다고도 했다.

각설이타령과 바가지는 함께 어울려야 제격이다. 또 살림이 망한 사람을 일컬어 바가지만 차면 거지와 다름없다고도 한다. 오죽하면 동냥은 못 주나마 쪽박조차 깨느냐고 한다. 거지에게는 바가지가 유일한 생활 도구인 까닭이다. 옛날에 바가지가 없었다면 거지들은 어떻게 구걸을 했을까!

선조들의 지혜를 생각하면 감탄스럽기 그지없다. 옛 사람들은 깊은 산에서 약초를 캐어 의약품으로 사용했고, 나물을 재취하여 목숨을 연명하였다. 참나무로 숯을 구웠고, 나무를 베어서 집을 짓는 목재로 사용하였다. 그때 바가지가 없었더라면 어떻게 밥이나 국, 반찬을 휴대하여 식사를 했을까!

박은 한 줄기에 암수[자웅동주 : 雌雄同株]가 있지만 암수 꽃이 따로 피는 특이한 식물이다. 가을이 깊어지고 노을이 황홀한 자태를 드러내면 박꽃은 수정준비를 한다. 어디서 그렇게 많은 박각시들이 모여들었는지 윙윙대며 박꽃에서 대향연을 펼치는 모습은 장관이 아닐 수 없다.

(2008. 7. 29.)

註 : 바가치〈방언〉 바가지(전라, 경상, 충청, 강원도)
박　적〈방언〉 바가지(전라도)
박재기〈방언〉 바가지(경상도)

제5부

가을 경복궁

추억 속의 아버지

내 고향은 두메산골 마을답게 그 이름도 청림靑林이다. 지명만 들어보아도 무성한 푸른 숲을 떠올릴 수 있어 좋다. 그래서 나는 내 고향 이름 '청림'을 내 호로 사용하고 있다.

1960년대 중반에야 겨우 버스가 하루에 한 번씩 다니기 시작했고, 전기는 1970년대 중반에서야 들어왔다. 버스길이 열릴 때나 호롱불 신세를 면하고, 전기의 혜택을 받을 때, 전화가 개통될 때마다 우리 동네에서는 큰잔치를 벌였다.

천지개벽보다 더 반가워서 술과 안주 등 갖가지 음식을 장만하여 나눠 먹고 온 주민이 풍악을 울리며 축제분위기에 젖었다. 지금 도시의 젊은이들에겐 소설 같은 이야기로 들릴 것이다. 반 세기가 지난 지금 생각하면 꿈같고 전설 같은 이야기다.

아버지는 전통적 유교사상에 철저하셨다. 술이 웬만치 되면 으레 시조 한 수를 읊으셨고 가족 사랑이 끔찍하여 집안 분위기는 언제나 화기애애하였다. 또 아버지의 건강은 좋은 편이었다. 그런 아버지가 어느 날 갑자기 식사도 잘 못하고 몸이 으슬으슬 춥다며 신음까지 하셨다. 버스길이 열리기 전이라 리어카를 대절하여 부안읍내 병원으로 모시고 가서 진단을 받았다. 읍내병원을 다 찾아가 보았지만 병명을 알 수도 없었다. 그리하여 결국 당시 호남지방에서 제일 권위가 있다는 전주예수병원까지 가게 되었다.

병명은 간농랑증肝膿囊症이라 했다. 그 병은 어렸을 때 깜짝 놀라서 생긴 병이라고 했다. 간 뒤에서 음성적으로 숨어 있다가 몸이 노쇠하거나 허약해질 때 나타나므로 큰 병은 아니라며 몇 달치 약을 지어 주었다. 그 이듬해 삼복더위에 병이 또 악화되었다. 면 소재까지는 또 리어카 신세를 졌고 예수병원에 입원하셨다. 그 때 담당의사는 외과과장 설대위라는 미국 사람이었는데 환자 고유번호는 P764번이었다.

한 달 정도 치료를 받아도 효험은 없었다. 의사 말로는 곧 퇴원할 수 있을 것이라는 말만 되풀이하였다. 그런데 밤이면 오한惡寒이 생겨 돌아가실 것만 같았다. 중태에 빠진 것이다. 의사들이 병명을 제대로 찾지 못하는 듯싶었다. 한 번 돌아가시면 다시 볼 수 없는 아버지의 병을 고치려고 두메산골에서 어렵게 전주까지 왔는데…….

깜짝 놀라 담당의사의 방으로 달려갔다. 우리 아버지 살려내라고 큰소리를 치고 울며불며 거세게 항의를 했다. 당시에는 부끄러움이나 염치도 생각할 겨를이 없었고 오직 치료해야 한다는 일

념뿐이었다.

담당 의사도 깜짝 놀라 즉시 특진을 하더니 농랑이 커져버렸다는 것이다. 그날 바로 수술을 한 결과 고름이 링거병으로 한 병 이상이 나왔다고 했다. 설대위 수술 담당의사는 수술이 아주 잘 됐다며 안심을 시켰다. 그런 환자는 이 병원 생긴 뒤 두 번째 희귀병이어서 명진明診을 하지 못한 듯한 표정이었다.

3개월 정도 병원신세를 진 후 퇴원하게 되었다. 그 의사는 어차피 수술을 해야 하지만 아드님이 울고불고 서두르는 바람에 앞당겨 수술이 잘 됐다며 환자를 더 위로해 주었다. 당시 아버지는 57세였는데 그 뒤 30년을 건강하게 사시다가 87세에 세상을 뜨셨다.

그 뒤 설대위 박사는 예수병원 원장으로 승진하였다. 나는 그 병원에 갈 기회가 있으면 원장을 찾아뵙고 인사를 드렸다. 설 원장은 그 때마다 깜짝 반기며 아버지의 안부를 묻고 그 때의 이야기를 회고하곤 했다. 그런데 재작년 그 원장도 하늘나라로 갔다. 그 슬픈 소식을 들으니 아버지의 입원 때 일이 생각나 눈물이 핑 돌았다. 아마도 그 눈물은 아버지의 생명의 은인에 대한 추모의 눈물이었을 것이다. 설대위 원장은 의사로서, 한 인간으로서 정말 인간미 넘치는 분이었다. 정말 고마운 분이었다.

찻길과 전기통신의 혜택을 제대로 받지 못한 두메산골에서 도청 소재지인 전주까지는 하룻길이었다. 지금 전주에서 워싱턴이나 런던가기보다 몇 배나 더 힘든 길이었을지 모른다. 그렇던 내 고향 청림도 지금은 하루에 버스가 16회 정도 왕복 운행한다. 또 승용차로는 전주에서 1시간이면 족하다. 전기, 수도, 통신 할 것

없이 모든 문명의 혜택을 받고 있다. 리어카로 병원에 다닐 때의 일을 생각하면 꿈같은 변화다.

요즘 우리 어머님은 노인성치매를 앓고 계신다. 세상을 떠나신 지 10년이 지난 아버지에 대한 기억이 가끔 희미하게 떠오르는 것 같다.

“영감이 배가 고플 텐데 어서 빨리 가서 밥을 해줘야지. 아범아, 어서 고향집에 데려다 줘!”

매일같이 전주에서 부안으로 데려다 달라는 성화가 이만저만이 아니시다.

사람으로 태어나 건강하게 살다가 가는 것은 희망이요 행복이다. 요즘 뉴스를 보면 100세 이상의 건강한 노인이 전국적으로 상당히 많다고 한다. 그분들은 건강복을 타고난 분들 같다.

세월은 쉼 없이 흐르고 인간이 영원할 수는 없다. 언젠가 나도 세상을 떠나고 나면 지금 내 눈에는 어리고 철없게만 보이는 내 자식들도 기억을 더듬으며 나를 그리워하고 아쉬워하리라.

내 군번보다 더 깊이 내 뇌리에 각인된 아버지의 환자번호 P764는 내가 죽는 그 날까지 기억하고 또 기억할 것이다.

(2006. 8. 28.)

가을 경복궁

봄 소식은 남녘에서, 가을 소식은 북녘에서부터 시작된다. 지금은 10월 중순, 가을의 한 허리이다.

눈이 시리다. 쪽빛 하늘은 자꾸만 높아 가는데 어느새 겹옷 사이로 스미는 바람은 서늘하기만 하다. 여름이 그리 길었는데 벌써 계절은 한 단계 훌쩍 뛰어넘었다. 계절은 분명 바뀌었지만 세상살이는 별로 변한 게 없는 것 같다. 신문과 방송은 온통 나라 안팎의 골치 아픈 소식으로 가득하여 민망하기 그지없다. 앉은자리에서 한숨만 쉰다고 해결될 일도 아니다. 자리를 박차고 일어나 보자.

지금 산과 들에선 자연이 한바탕 불꽃놀이를 준비하고 있다. 불씨는 풍악楓嶽과 설악에서 댕겨졌다. 붉고 노랗고 푸르고 흰 불꽃은 하루가 다르게 남쪽을 향해 내려오고 있다.

사실 단풍은 나무가 스스로 자기 정리를 하는 의식이다. 몸을 가볍게 하여 혹독한 겨우살이를 준비하겠다는 뜻이리라. 뜻은 자못 비장하지만 외양은 지극히 화려하다. 수묵화 같던 산이 수십 가지색으로 분산하는 것이 축제가 따로 없다. 예로부터 봄엔 꽃놀이, 여름에는 물놀이, 가을에는 단풍놀이라 했다. 자연의 화려한 자태를 보는 것만큼 흥겨운 놀이는 없는 듯싶다.

우리가 갈 수 있는 곳 중 가장 먼저 단풍이 시작되는 곳은 풍악이다. 하지만 곧 남쪽의 산하에도 오색 불꽃이 도도히 밀려올 것이다. 그리 멀리까지 가는 수고도 필요 없다. 화려한 불꽃이 낙엽이 되기 전에 불 구경을 갈 것이라 기대해본다. 단풍잔치의 흥겨운 여정이 끝나면 처진 어깨가 조금이나마 펴질 것 같다.

들녘은 오곡백과가 황금빛으로 변하였다. 농부들의 손길이 더욱더 바쁘다. 농부들은 여름 내내 흘린 땀 값을 가을에 보상받는다. 농부들은 지칠 줄도 모르고 오직 농심을 지닌 채 열심히 일해왔다.

'우리문화유산사랑회' 일행이 탄 버스는 해맑은 가을바람을 가르며 시원스레 달려 흥례문興禮門 앞에 도착하였다. 5대 궁 중의 정궁正宮인 경복궁 근정전으로 들어서니 고궁에 서린 옛 혼과 정취 그리고 역사의 숨소리가 들려오는 듯하다. 수목과 옛 것 하나하나가 선조들의 혼과 손때 묻은 흔적들이어서 더욱 감회가 새롭다.

이 궁은 사연도 많다. 조선 태조 이성계가 건국(1392년)하고 태조 4년에 창건한 정궁이다. 임진왜란 때 소실되었으나 흥선대원군이 복원하였다. 일본은 경복궁 앞에 총독부 건물을 지어 정치를 하다가 광복 후에는 정부청사로 활용하였고, 그 뒤에는 국립

중앙박물관으로 사용하였다. 문민정부 시절 수치스런 그 총독부 건물을 철거하고 흥례문을 복원하여 오늘에 이르렀다.

조선시대 충신들은 이 궁에서 올바른 정치를 위하여 충언을 하다가 모함을 당하여 옥고를 치른 사람이 수없이 많다. 개혁을 주장하던 조광조 같은 분은 바른말을 하다가 목숨까지 내놓았으며 황희, 윤선도, 정약용같이 훌륭한 정객들도 유배 생활을 한 적이 있지 않던가?

그뿐이 아니다. 꽃봉오리 같은 젊은 나이에 궁 안에 들어와 궁중법도에 따라 궁녀로 남은 사람들이 얼마나 많던가? 절정에 이른 설악산의 단풍만큼이나 붉게 탄 가슴, 주상의 성은을 입어 빈이나 숙, 귀인의 자리에라도 오르면 얼마나 영광이었으랴. 생각만 해도 딱하고 가련한 여인들의 운명이었다.

이 궁은 57개의 건물에 1,300여 칸의 위용을 갖추고 탐방객을 맞고 있다는 해설사의 설명이다. 그 동안 다 알지 못했던 궁중역사에 심취한 오늘은 보람된 하루다.

궁 뒤뜰에 서 있는 나무들을 보니 많은 생각이 스쳤다. 임금님을 모시고 또한 임금님의 사랑을 받으며 수백 년을 한결같이 성장한 대궐 안의 나무들도 세월이 가면 여느 산에서 자란 다른 나무나 다를 바 없구나! 궁궐에서 호사스럽게 성장한 나무들도 절기에 순응하는 듯 단풍 옷으로 갈아입고 관람객을 맞는다. 휙 바람이 일자 우수수 낙엽이 진다. 문무백관을 질타하던 임금님의 목소리가 이명耳鳴처럼 들리는 듯하다. 가을이어서 그런지 경복궁을 둘러보고 나오는 내 발자국마다 쓸쓸한 기분이 낙엽처럼 쌓인다.

(2004. 10.)

포충사 추모제에 다녀와서

올해 순의殉義 414주년을 맞아 광주 무등산 자락 포충사에서 제봉 고경명霽峯 高敬命 선생을 비롯한 다섯 분의 추모행사가 열렸다. 그날따라 높푸른 하늘은 구름 한 점 없이 맑았다.

매년 4월 15일은 추모제가 열리는 날이다. 그런데 올해엔 공휴일이 겹쳤기에 4월 17일에 행사를 치르게 되었다. 기관 단체장과 사학단체 및 유지들과 전국에서 수백 명의 종친들이 참석하여 행사장은 초만원이었다. 해마다 추모객이 많지만 올해에는 더욱더 성황을 이루었다. 경내境內에는 애절한 추모곡이 흐르는 가운데 순절한 다섯 분의 일대기가 소개되고 있었다.

추모객들은 가슴에 '순의제향'이란 둥근 리본을 달고 모두 경건한 자세로 자리를 잡고 앉아 있었다. 포충사 관리소장의 분향으로 행사가 시작되었다. 광주광역시 예술단 국악단이 추모곡을 합창하였다. 궁중제례악과 같은 궁중음악이었다. 그 추모곡은 어찌나 구슬프던지 참석자들의 심금을 울렸다.

광주광역시 문화예술진흥위원회 조동수 위원장의 추모사가 시작되었다.

"제봉 고경명 선생은 무인이 아닌 학자이셨습니다. 선생의 좌우명인 세독충정世篤忠貞이 잘 말해주고 있습니다. 세상을 살아감에 있어서 충의와 정절을 독실하게 하라는 뜻입니다."

모두 선생을 흠모하는 듯 고개를 끄덕였다. 포충사 정당褒忠祠正堂 아래 넓은 잔디광장에 2부 행사장이 마련됐다. 음복례와 곁들여 선생의 업적에 대한 강연이 이어졌다.

제봉 선생은 광주시 압촌동에서 태어(1533-1592)났다. 26세에 문과 갑과에 장원급제하여 울산, 순창 등 5개 고을 군수와 동래부사 공조참의工曹參議 등의 관직을 두루 거쳤다. 그 뒤 의정부 좌찬성의 직위에 증직되었다. 벼슬에서 물러나 낙향한 뒤에는 향리에서 후학 양성에 전념하였다.

특히 도학道學을 실천하는 선비정신을 위주로 강론을 폈다. 그 이듬해 임진왜란이 발발하자 선생께서는 나라의 위태로움을 걱정하여 식음을 전폐하기에 이르렀다. 장남과 차남 형제를 불러놓고 학문을 하는 것도 모두 나라가 있고 난 다음의 일이라며, 우리 모두 전장에 나아가 왜적을 물리치는 데 앞장서자고 뜻을 모은 뒤 그런 내용의 격문을 각 도에 돌리고 의병을 일으켰다.

무인이 아닌 학자의 신분으로 자식까지 내세워 전장에서 목숨을 걸고 싸우려는 제봉 선생의 우국충정에 감동하여 각 도에서는 의병들이 분연히 일어섰다. 선생은 의병 7천여 명을 거느리고 금산전투에 참전하여 혈전 끝에 아들과 같이 그해 칠월 장렬하게 순절하고 말았다.

본인은 물론 두 아들과 딸, 두 아우와 종제, 조카, 질부 등 일가족 12명이 순절하였다. 우리나라 전쟁사상 일가족이 한 전투에서 그렇게 많이 희생된 집은 전대미문의 일이라고 사가들은 기록하고 있다.

정부에서는 그 공을 인정하여 고경명 선생에게는 충렬공忠烈公, 장남 종후에게는 효열공從厚 孝烈公, 차남 인후에게는 의열공因厚 毅烈公이란 시호諡號를 내렸다. 또한 1문3강一門三綱의 충절을 인정하여 삼강문과 포충사란 사액賜額을 내렸다.

공을 비롯한 자녀들이 일생 동안 펼친 忠·儀·孝·烈 정신은 오늘날 후손뿐만 아니라 우리 사회에 많은 가르침을 주고 있다.

당시 금산전투에서 순절한 고 선생 3부자와 유팽노柳彭老, 안영安瑛 선생 등 5명을 모시고 해마다 국가적 차원에서 추모제를 갖는다. 5명 모두 문과에 급제한 분들이다. 그래서 그런지 이 포충사는 호남지방 최고의 호국선열유적지로 조성되어 있다.

전국 어느 문화유산이나 유적지를 탐사해 보아도 노비의 비를 세운 곳은 없다. 고 선생 3부자를 따라 의병대열에 참가했다가 순절한 충직한 노비 '봉이鳳伊·귀인貴仁' 등 두 사람의 충의를 기념하고자 포충사 경내에 노비의 비석까지 세웠다.

입장을 바꿔놓고 생각해 보았다. 만일 지금 임진왜란과 같은 국난이 일어난다면 나라를 지키기 위해 나도 선생처럼 자식들을 앞세워 총을 들고 전쟁터에 나갈 수 있을까?

우리는 지금도 미국이란 외국의 도움을 받아 나라를 지키고 있다. 그런데도 일부 특권층들은 온갖 구실을 붙여 자식들을 군대에 보내지 않고 병역을 피하는 경우가 많다. 참으로 유감스러운 일이 아닐 수 없다.

나는 어려서 아버지를 따라 이 추모제에 몇 차례 참석한 적이 있다. 예나 지금이나 학문이 높아야 대우를 받는다. 제봉공은 5대가 문과 갑과에 장원급제한 연벽聯璧의 가문이요 또한 5대 동안 12명이 문과에 급제한 가문이다. 호남지방 최고의 명문가 가문에서 제봉공 13대손으로 태어난 나에게 자긍심을 가져야 한다고 하신 아버님의 말씀이 주마등처럼 떠오른다.

그때는 어려서 잘 모르고 지났었다. 지금 생각해 보니 과연 그렇다. 5대 연벽의 가문, 1문 3강의 가문, 12명이 순절한 가문, 충노의 비석을 세운 가문 등 우리 집안엔 여러 가지로 희귀한 점들이 많다. 그러기에 선친의 말씀대로 나는 사회악이 만연한 현실에서도 불의와 타협하지 않고 정의로운 사회의 일원으로 살아가려고 더 노력하는 것인지도 모른다.

(2006. 8. 20.)

孝 竹

푸른 산 푸른 숲으로 둘러싸인 우리 집 뒤란에는 푸른 대밭이 있었다. 뒷산 숲속에서는 온갖 동식물들이 어우러져 평화롭게 살고 있었고, 풋풋한 냄새와 이끼 낀 수목들이 뿜어내는 향기가 있어서 좋았다.

나는 어릴 적 친구들과 더불어 뒷산 노적봉을 자주 찾았다. 노적봉은 변산반도 국립공원의 많은 산봉우리 가운데 유독 독립된 산이다. 노적가리를 쌓아 놓은 듯 아름답다하여 붙여진 이름이다. 산 아래에 평원을 이루고 자리잡은 마을이 노적露積마을이다. 이 산은 수호신처럼 우리 마을을 감싸안은 채 의연한 자태를 자랑하고 서 있다. 산 중턱에 올라서서 바라보면 마을이 옹기종기 한눈에 들어오고 이웃 마을들도 눈에 잡힌다.

내가 살던 집은 초가 4칸 겹집으로 남향이었고, 오른쪽에는 아주 옛날에 지었다는 행랑채 5칸이 있었는데 기둥은 큰 재목을 써서 궁궐 같았다. 6대를 이어오며 살던 집이었다. 집 뒤에는 대나무밭이 있어 운치가 아주 좋았다.

우리 집안은 대나무와 깊은 인연을 맺고 있다. 전통적 유교를 숭상하는 집이어서 할아버님과 아버님은 학문이 높은 학자로서 부안 지방에서는 널리 알려진 분들이셨다. 할아버지 호는 죽와竹窩, 아버지 호는 죽헌竹軒이시다. 나의 호는 유명한 서예가 치당 김규완凝堂 金圭浣 선생이 죽촌竹村이라고 지어 주셨다. 뒤에는 넓은 대나무밭이 있고 3대의 호號에 대죽 자를 넣어 지었으므로 대나무와는 각별한 인연이 있는 셈이다.

요즘 도회지 학교 주변이나 학원이 밀집된 지역에서는 등용문登龍門이라는 간판이나 현수막을 흔히 볼 수 있다. 시험에 응시하여 그 어려운 관문을 뚫고 합격을 기원하는 뜻이리라.

우리 마을 앞 한가운데 효죽거리가 있다. 옛날 과거에 급제하면 으레 나무로 용을 만들고 푸른색을 칠하여 높은 대나무 끝에 매달아 놓고 영광을 표시하고 축하를 하였다. 효죽을 세웠던 그 길거리를 '효죽거리'라 부른다. 이 마을은 사방이 산으로 둘러싸여 하늘만 보일 정도다. 그러나 풍수지리설에 따르면 삼예봉 아래 청림천과 거석천 등 두 냇물이 모이는 양수합兩水合이라 귀인이 난다고 하였다.

명산은 인걸을 낳는다는 속설이 있듯이 이 마을에서만 조선시대 10명의 과거 급제자가 배출되었다.(弘文館校理 1명, 進士 7명, 中樞院議官 1명, 禁府都事 1명) 한 명의 과거 급제자도 없는 마을이 수없이 많은데 한 마을에서 10명이나 배출되었으니 당시에는 부안 제1노적리라고 불리었고 경향 각지에 널리 알려진 곳이다.

그 대나무는 곧고 크고 길게 자라서 효죽대로 뽑혔다. 수많은 대 가운데 우수한 대로 뽑혀 그 대 역시 큰 영광을 얻은 셈이다. 조선시대부터 보전된 효죽거리의 효죽은 간데없고 옛 선현의 발자취만 남아 있다. 조상의 높은 학덕을 다시 한 번 흠모해본다.

제멋대로 뻗어가는 대나무 뿌리를 보면서 시대의 변화에 탄성이 절로 나온다. 윤리의식이 희박해져 가는 요즘 올곧고 바른말을 하는 사람이 얼마나 있던가? 이재利財를 앞세우다가 사회의 지탄을 받은 사람을 수없이 많이 보아왔다. 대쪽같이 굳은 절개를 지키다 목숨을 버린 이들이 어찌 조광조나 정몽주, 사육신뿐이던가? 대와 관련된 선열들의 유적이나 호와 이름 등 문화유적은 늘 여기저기 수없이 많다. 선죽교, 오죽헌, 매죽헌, 죽녹정, 죽서루竹西樓 등등 많기도 하다.

나는 대쪽같이 고결한 사람이 그리울 때면 사철 푸른 대나무를 생각한다. 아울러 "이 세상에 독불장군은 존재하기 어렵다."고 교훈을 주신 선친의 말씀을 떠올려 본다.

대나무는 매화 · 난초 · 국화와 더불어 4군자의 하나다. 대나무는 지조와 절개의 상징이기도 하다. 예로부터 선비들은 사철 푸르고 곧으며 속을 비운 대나무의 속성을 본받아 마음을 닦는 본보기로 삼았다.

평소 나는 대나무집에서 태어난 것을 자랑스럽게 생각한다. 쭉쭉 뻗은 대나무가 온 집을 감싼 걸 보면 괜스레 마음이 든든했다. 언제나 푸른 대나무는 나에게 자기네처럼 살라고 속삭이는 것 같았다. 뒤란 대숲의 기운이 내 몸과 마음에 전이되는 것 같아 더욱 흐뭇했다.

우리네 삶이 사철 푸른 희망의 대나무와 같기를 기대해 본다.

(2004. 5. 11.)

효도의 도시, 수원

수원과 나는 여러 가지로 인연이 많다. 평소 열차여행을 즐기는 나는 수원역이란 안내판만 보아도 마냥 반갑다.

직장에 다니면서 서울 출장 후에 전주 집으로 돌아올 때의 일이다. 술을 마시고 열차에 오른 나는 그만 잠이 들어버렸다. 옆자리 손님이 어디까지 가느냐며 나를 깨우며 내 가방을 다른 사람이 가지고 간다고 옆구리를 찔렀다. 깜짝 놀라 가방을 찾아보니 누군가 내 가방을 들고 하차할 준비를 하고 서 있었다. 가방을 빼앗으며 큰소리로 나무랐다.

그는 술이 취해서 착각하고 그렇게 됐으니 용서해 달라며 사정을 하는 것이었다. 그 사람의 성도 이름도 모른 채 그 사람은 내리고 열차는 수원역을 출발하고 말았다. 그 가방 속에는 약간의 돈과 가장 중요한 서류가 들어 있었으니 나를 깨워 준 옆자리의 손님이 얼마나 고마웠는지 모른다.

인사를 나누고 보니 옆자리 손님은 여수에 사는 류열은이라는 분이었고 나이는 나보다 연하로 보였다. 그런 저런 이야기를 주고받으며 수원에서 전주까지 술잔을 주고받으며 3시간 가까이 정담을 나눴다. 그 뒤 그분과 나는 가끔 안부도 전하고 서로 왕래하며 지금까지도 친구처럼 살고 있다. 우리는 수원역에서 맺어진 친구다.

도둑을 보고서도 내 것이 아니니까, 또는 보복이 두려워서 모르는 척 하는 사람이 많은 세상인데 그 분은 정말 고마운 사람이다.

1980년대에 은행원인 큰아들이 승진하여 수원지점으로 발령을 받은 적이 있었다. 그 큰아들이 몇 달 뒤에 수원시 세류동 버드내천변의 전망 좋은 아파트로 이사를 했고, 손자손녀 남매는 수원 신곡초등학교로 전학하게 되었다. 처음에는 걱정을 했는데 아이들이 잘 적응하고 공부도 잘하여 우수상과 선행상도 받아왔다.

수원으로 이사하기 전에 큰아들은 전주에서 몇 년 근무하다 승진하여 경기도 시흥으로 전근과 동시 이사를 했었다. 우리 부부가 시흥 큰아들 집을 찾아갈 때면 으레 수원역에서 내려야 했다. 전철로 환승하면 곧바로 시흥까지 갈 수 있기 때문이었다. 이래저래 수원역은 우리 집의 정거장이라 해도 과언이 아닐 듯싶다.

수원과는 정말 인연도 많다. 몇 년 전 나는 수원 S병원에 입원하여 치료를 받은 적이 있다. 의사로부터 17일간의 금식명령을 받았는데 금식이란 게 그렇게 힘들고 어려운 일인 줄 그때 처음 알았다. 나는 하루에도 몇 번씩이나 하나님을 부르며 견뎠다. 고도로 발달한 의학기술의 혜택으로 2개월 정도 병원신세를 지다가 퇴원하게 되었다. 정말 하나님이 보우하사란 애국가의 가사를 몇 번이나 생각해봤다. 그 병원 의사선생님은 정말 내 생명의 은인이다. 그러니 수원 역시 내게 생명을 되찾아 준 고마운 곳이 아닌가?

제봉 고경명霽峯 高敬命 의병장은 나의 13대 선조이시다. 임진왜란이 일어나자 고경명 장군이 의병 7천여 명을 거느리고 호남지방과 중부지방에서 왜군과 싸울 때의 일이다. 수원지방에 왜군이 쳐들어올 기미가 보여 의병의 지원 요청을 받았다. 고경명 장군은 당시 수원을 지키던 권율 장군權慄 將軍에게 일부 의병들을 지원하여 수원을 지킨 적이 있었다. 그 역시 수원과의 인연이라면 큰 인연이 아니겠는가.

몇 년 전 수원시민의 날 행사에 참석한 적이 있었다. 수원의 인구도 많지만 모여든 인파를 보니 인산인해란 말이 딱 어울릴 것 같았다. 수원시민의 날은 중국의 쌍십절과 똑같은 날이다. 우리나라 24절기 중 한로寒露의 절기로서 높푸른 하늘에 구름 한 점 없는 전형적인 가을에 본 행사 날을 전후하여 4일 동안 각종 행사를 치렀다. 대표적인 문화축제는 조선조 22대 정조대왕의 지극한 효심의 발현이었다. 유네스코가 세계문화유산으로 지정한 '화성'을 배경으로 정조시대의 궁중 및 서민생활을 재현하여 보여주었다. 가족체험행사를 비롯하여 정조대왕맞이 축하행사 등이 위주였다. 또한 각종 먹을거리 볼거리 즐길 거리와 함께 다양하게 펼쳐졌다.

조선왕조 5백여 년 동안 27대 왕 가운데서 획기적이고 창조적인 업적을 남긴 군주를 꼽으라면 나는 단연 제4대 세종과 제22대 정조를 꼽고 싶다. 수원 화성은 조선조 역대 왕 중에서 가장 학문을 사랑하고 개혁과 실학을 숭상한 정조가 아버지 사도세자를 위하여 축조한 효도작품이다.

수원 화성은 지난 97년 유네스코(UNESCO)가 우리나라에서는 다섯 번째 세계문화유산으로 지정했던 소중한 문화유산이다. 이집트의 피라미드, 중국의 만리장성과 함께 세계적으로는 280번째 세계문화유산으로 지정되었다고 한다.

정조는 당쟁의 와중에서 죽임을 당한 아버지 사도세자와 어머니를 위로하고자 행궁을 짓고 어머니의 회갑연을 베풀었다. 그 건축물은 무려 576칸이나 되었다고 한다. 정조대왕은 효자로서 두고두고 그 이름을 남기게 될 것이다.

수원하면 효자 최누백을 빼놓을 수 없다. 최누백은 15세 때 아버지가 호랑이에게 물려 죽자 아버지의 원수를 갚으려고 산에 올랐다. 호랑이가 사람을 잡아먹고 배가 불러 낮잠을 자고 있을 때 최누백은 도끼로 호랑이를 죽이고 배를 갈라 아버지의 뼈와 살을 찾아내어 정중히 장례를 치르고 3년 동안 아버지의 묘소를 지켰다고 한다. 장례를 치른 뒤 어느 날 저녁 꿈에 아버지가 나타나서 아들 누백의 효성을 칭찬하더라는 것이다.

최누백의 효행은 온 나라에 소문이 났고 나라에서는 정문旌門을 세워주고, 또 효행을 기리는 효자비각을 수원시 봉달면 분천리에 세우기도 했다. 그러기에 수원은 지금까지도 효도의 도시로 널리 알려지고 있는지도 모른다.

지난 해 가을 수원에서 결혼주례를 선 적이 있다. 신랑은 친구의 3남매 중 막내였다. 이 역시 수원과 나의 인연이라 할 수 있다.

60년대에는 전주와 수원은 모두 우리나라의 6대도시였다. 그런데 수원은 지금 인구가 100여만 명에 4개 구의 행정구역으로 나뉠 정도로 정말 비약적 발전을 한 곳이다. 효의 도시, 수원은 내가 짝사랑하는 나의 제2의 고향이라고 말하고 싶다.

(2006. 8. 27.)

추모사

-삼면 고영두(三勉 高永斗) 선생을 추모하며-

삼면三勉 고영두高永斗 선생을 추모하는 글을 삼가 올립니다. 붓을 드니 생전에 성실하게 활동하신 삼면 선생의 모습이 주마등처럼 떠오릅니다.

삼면 선생은 스스로 노력하고, 스스로 일어나고, 스스로 이루어야 한다는 큰 명제命題를 걸고 살아오신 어른이 아니십니까? 그런데 선생이 이 세상을 떠나신 지 벌써 1주년이 가까워 옵니다.

선생께서는 충렬공 제봉 고경명忠烈公 霽峯 高敬命 선조의 대종중 도유사란 중책을 맡아 불철주야 노력하고 종중이나 사회에 공헌한 분이십니다. 새봄이 오면 새 희망을 갖고 새 출발을 하겠다고 하셨습니다. 특히 재작년 가을 제봉 선조의 시제를 모신 후 제봉각霽峯閣에서 하신 말씀이 엊그제 들은 말씀처럼 기억에 생생합니다. 제봉각을 보수하고 정화사업을 벌여 충의정신을 함양하고,

후손들의 산 교육장으로 활용하여 선조의 유지를 받들어 위상을 제고해야 한다고 하지 않으셨습니까?

종원들은 물론 주위의 많은 사람들로부터 사랑과 찬사를 한 몸에 받던 어른께서 산적한 과제를 그냥 놓아두시고 다시 못 올 먼 길을 어떻게 가셨습니까? 참으로 애석하고 비통하기 그지없습니다.

삼면 선생은 일제강점기인 1930년에 태어나 힘든 세상을 살아오시면서 순박한 농부로서 고향을 꿋꿋이 지키신 분입니다. 해방 후에는 삼면스테인리스 공장을 창업하여 놋그릇을 스테인리스로 대체하여 우리 고장의 식탁문화에 혁명을 일으켰습니다.

또한 성실과 근면, 신뢰를 목표로 정직하게 기업을 운영하셨습니다. 기업의 기반을 다지면서 사업은 일취월장 성장하였습니다. 가구 장식용 스테인리스 제품을 생산한 데 이어 식탁용 포크와 나이프를 양산하여 미국과 유럽 등에 수출하는 등 세계적인 상품으로 올려놓았습니다. 과연 식탁문화의 선구자 역할을 하였습니다.

선생께서는 기업이 거둔 소득으로 농토를 늘렸습니다. 당시만 해도 농경사회의 미맥 소출을 위주로 하는 때였습니다. 농자천하지대본이란 기치 아래 그 시대가 절실히 요구하는 사업으로 부응하신 점 정말 장하다고 생각됩니다.

또한 종중사로는 중앙 · 충렬공 · 광주 · 제주 · 종문회 등을 비롯하여 충렬공 제봉 고경명 기념사업회 · 녹천공 현창사업 · 삼명회 국조숭모사업 등 수많은 종문단체의 책임을 맡아 사업비를 충당하셨습니다. 그리고 80년대 중앙종문회관건립비로 벼 500석,

90년대 장학금 1억7천여만 원을 쾌척하셨습니다. 당시 화폐의 가치도 높았었는데 정말 우리 종문사에 길이 빛날 일이어서 거듭 경의와 찬사를 드립니다.

그뿐만 아니라 백범 김구 선생추모사업회 · 함평나비축제 · 광주사회복지공동모금회 · 한국과학원 · 전남대학교연구비 · 광주국악진흥회 · 광주민학회 · 임방울국악진흥재단 · 광주광역시 · 생가 대촌마을 등 삼면 선생의 손길이 거의 미치지 않는 곳이 없을 정도였습니다. 그야말로 기업이윤의 사회 환원을 몸소 실천하신 고고한 삶이었습니다. 요즘 각박한 이 사회에 귀감이 되는 일입니다. 이제 어디 가서 그런 정감 넘치고 후덕하신 분을 다시 만날 수가 있을까요?

평소 검약정신이 투철하신 삼면 선생의 성실성과 의연한 자세 그리고 정의심에 새삼 놀라서 다시 한 번 우러러보았습니다. 종중행사에 거의 빠짐없이 참석하셔서 만날 때마다 충격적인 자극과 함께 많은 것을 배우고 또 깨닫게 해주셨습니다. 생전에 좀더 많은 교훈을 받지 못하고 자문을 하지 못한 점이 아쉽고 한스럽습니다. 삼면 선생의 고고한 삶을 오래토록 기억하며 추모할 것입니다.

사람이 이 세상에 태어나서 어떻게 값지게 살다가 세상을 마감할 것인가에 대해서 묻고 싶습니다. 모든 이는 그것이 욕구이며 희망이라 할 것입니다.

평소 넥타이 한 번 매지 않고, 오로지 한복 차림만을 고집하신 근엄하면서도 소박하신 삼면 선생, 소년 시절부터 생을 다할 때까지 부귀공명을 도외시하고 오로지 순백의 지조를 지키며 살아오신 그 정신은 후세에 길이 남을 것입니다. 추모사를 쓰다 보니 선인의 만가輓歌한 구절이 떠오릅니다.

양지陽地바른 곳에 집을 짓고 배고픈 나그네에게 따뜻한 밥 한 그릇 대접해 보았는가? 엄동설한 발섭跋涉하는 나그네에게 나무 다리를 놓아 건너가게 하였는가?

과연 그렇습니다. 마음은 있어도 사람마다 다 실천하기는 어려운 게 현실이 아니겠습니까? 그러나 선생은 다 해내셨습니다. 고향을 지키며 농사를 짓는 일, 식탁문화를 선도하는 사업, 조상을 섬기고 종족 간에 친화를 다지는 사업, 지역학술단체와 향토문화의 각 부문에 골고루 나누어주어 기업이윤을 사회에 환원하셨습니다.

아직도 못다 하신 일들은 하늘나라에서 맘껏 이루소서. 부디 영면하소서.

(2007. 1. 21.)

6월이 오면

호국이란 말을 들으면 나는 먼저 6 · 25를 떠올린다. 민족상잔의 피비린내 나던 6 · 25를 어찌 잊을 수 있겠는가? 6 · 25가 이 세상에서 가장 잔인한 전쟁의 하나로 기록된다니 참으로 비통하고 창피한 일이다.

북한 인민군이 남침하여 몇 달 머무는 동안 극우사상을 가진 남녀사람들을 모두 감옥에 잡아넣었다. 그들은 북쪽으로 쫓겨가면서 감옥에 갇혔던 인사들을 구덩이 속에 몰아넣은 다음 기름에 불을 붙여 죽이기도 하고 생매장을 하기도 하였다. 그 중에 우리 집안의 어른 한 분은 불을 당기는 순간 도주하여 구사일생으로 목숨을 건지기도 했지만 다른 한 분은 생매장되어 한 줌의 흙이 되고 말았다. 그 얼마나 끔찍한 일인가.

6월이 오면, 조국 강토가 피로 물들고 동족 간의 혈투가 치열했던 그 전쟁이 떠오른다. 요즈음에도 나는 꿈속에서 6·25를 만나면 무서워서 놀라 깨곤 한다. 6·25 때 죽고 죽이는 일 말고도 우리는 수많은 기막힌 일들을 당했었다. 상식이 뒤바뀌고 기본이 뒤틀리며 정의가 불의 앞에 굴종되는 그런 일들이 허다했다. 인간존중의 기본철학이 깨지고 우리 역사를 지켜 오던 민족의 자존심도 무너졌다. 재산과 인명 피해는 가시적인 것이라 할지라도 눈에 직접 띄지 않는 저러한 소중한 것들을 모두 잃었다.

9·28수복이 된 다음날 아침, 웬 총소리가 연발로 울렸다. 우리 가족들은 무슨 영문인지 궁금해 하면서도 밖에 나가지도 못하고 집에서 울 밖의 동정만 살폈다. 그러던 중 동네 집안 어른 한 분이 크게 놀란 표정으로 찾아오셨다. 우리 동네 L씨 J씨 등과 다른 지역 인사 수십 명을 아랫마을 백천내 골짜기로 끌고가서 총살하였다고 전해주었다.

그 다음 날부터 낮에는 경찰이 치안을 맡았으나 밤이 되면 빨치산이 돌아와서 주민의 재산을 약탈해 갔다. 나는 그때 초등학교 6학년이었다. 우리 고향은 변산 내륙 깊숙한 골짜기 청림靑林마을. 지명만 보아도 푸른 숲임을 알 수 있다.

낮과 밤 사이에 주인이 바뀌니 더 이상 고향에서 버틸 수가 없어 피난길에 나섰다. 할머니와 아버지, 어머니 그리고 우리 4남매 등 모두 일곱 식구가 각각 보따리 한 개씩을 이고 지고 간신히 고모님 댁으로 피했다. 전쟁 중이라 인심과 의리도 다 망가진 세상이었다. 그래도 고모님 댁 가족들은 무사하니 다행이라며 반겨 맞아주었다. 난리 중이라 고모님 댁의 생계도 어려운 때 친정식구들까지 피난민으로 받아들이기란 결코 쉬운 일이 아니었을 것이다.

그 뒤 2개월쯤 지난 어느 날 아침, 치안경찰의 지시라면서 마을 회의가 있으니 한 명도 빠짐없이 마을 앞 공터로 나오라고 했다. 무장경찰의 독려를 받고 온 동네사람들이 다 공터에 모였다. 무슨 일이 생기지 않나 하여 몸은 떨리고 간은 콩알만해졌다. 경찰이 앞에 나오더니 인민군을 위하여 맹렬히 활동한 사람 중 대표격인 XXX를 앞으로 나오라고 하였다. 당사자는 덜덜 떨며 제대로 발걸음을 옮기지 못했다. 경찰 몇 사람이 끌고가더니 주민이 보는 앞에서 수건으로 눈을 가리고 사살하였다. 그 자리는 핏빛으로 물들었다. 그때 나는 전쟁이 그렇게 무섭다는 사실을 깨달을 수 있었다.

얼마 뒤 우리 고향 내변산은 며칠 동안 밤마다 불빛이 대낮처럼 밝게 비쳤다. 그 불빛은 부안읍에서도 훤히 볼 수 있었다. 날씨가 추워지면서 밤에 빨치산이 그 지역 민가에 은거하는 것을 막으려고 500여 가옥에 잇따라 불을 질렀기 때문이다. 전쟁이 끝나고 치안이 어느 정도 안정되면 피난살이를 면하고 고향으로 돌아가 오순도순 살기를 기대했던 우리의 꿈은 사라졌다. 이젠 집도 절도 없게 된 우리 가족은 완전 피난민 신세가 되었다. 우리 가족은 날마다 고향 하늘만 바라보며 한숨을 쉴 수밖에 없었다.

그 뒤 4년 동안의 피난생활은 한숨의 세월이었다. 나는 가끔 "암흑에 고통받지 않은 사람은 광명의 고마움을 알지 못한다."라고 한 카네기의 말을 떠올린다. 정말 그게 맞는 말이었다. 실향민의 고충과 설움을 겪어보지 못한 사람이 어떻게 실정을 다 알 수가 있겠는가?

실향민생활 4년째 되던 해 봄, 마당의 고목에 까치 한 마리가 날아와 지저귀고 있었다. 과연 그 날 낮 반가운 소식이 들려왔다. 지리산 빨치산은 남았지만 변산 빨치산은 완전 소탕되었다는 소식이었다. 우리 변산 피난민들은 수복위원회의 결정에 따라 그 해 봄 고향으로 돌아갔다. 4년 동안의 피난생활을 마감하게 되었던 것이다.

고향으로 돌아와 보니 집터는 완전히 황무지로 변해 있었다. 땅이 비옥하여 웃자란 나무는 지붕보다 높았고 사람의 키보다도 훨씬 더 컸다. 황무지에 움막을 짓거나 천막을 치는 등 우선 잠자리부터 마련했다. 식량은 정부의 긴급 배급식량을 지급받았다. 겉보리, 밀가루, 빵 등으로 구휼救恤되었으나 턱없이 부족한 실정이었다. 전쟁의 1차 2차 피해를 당하고 너나 할 것 없이 거지신세였다. TV에서 가끔 보았던 아프리카 또는 이라크의 난민보다 더 가난한 삶이었다. 고생 끝에 낙이 온다는 속담이 있듯이 반백 년이 훨씬 넘은 지금은 그 때보다는 많이 좋아졌지만 그 후유증과 상처는 아직도 남아 있다.

나는 요즘 향토문화연구회 문화유산탐사회 등 몇 개의 단체에 가입하여 활동하고 있다. 또한 내가 운영하는 청림문화연구소와 각종 문학회에서 문학기행을 갈 때면 필히 호국선열 유적지(전쟁기념관, 독립기념관, 임진강지구 전적비, 경주 : 파주 산머루 마을, 백마부대충혼탑, 6 · 25남침사적비, 만인의총, 칠백의총, 현충사, 충렬사, 포충사, 효충사, 충익사, 지리산 전적지 등)를 답사하고 애국선열들의 충혼을 숭앙한다. 때로는 가이드북을 제작 배포하여 설명하기도 한다.

특히 포충사褒忠祠에 배향된 제봉 고경명霽峯 高敬命 선생은 문과에 급제하여 높은 관직에서 퇴임하셨다. 임진왜란이 발발할 때 아들형제와 같이 의병 6천여 명을 거느리고 금산전투에서 순절하셨다. 본인은 물론 두 아들과 딸, 종제, 조카 등 일가족 9명이 순절한 집안이다. 국가에서는 충렬공의 시호를 내리고 매년 4월 15일 추모행사를 국가적 차원에서 성대히 거행한다. 또한 호국선열 유적지인 포충사는 호남 최고의 성지로 조성되었다. 나는 우리 집안의 선조이신 고경명 할아버지의 숭고한 호국정신을 숭앙하고 매년 그 추모행사에 꼭 참석한다.

우리나라는 수없이 많은 외침을 받고 전쟁을 치렀다. 그때마다 우리 선열들은 나라를 위해 목숨을 초개같이 바친 분들이 어디 한둘이던가? 그 공덕으로 나라가 이렇게 건재한 것이다. 이러한 선열들의 숭고한 정신을 조금이라도 생각했더라면 호국선열의 기념일만이라도 가무음곡 등은 금해야 할 것이다.

우리나라는 세계경제협력개발기구(OECD)에 가입한 30개국 중 하나이다. 정말 자랑스러운 일이다. 예부터 수많은 외침을 받을 때마다 우리 선열들이 목숨 바쳐 지켜온 덕분에 이렇게 나라의 위상이 높아졌음을 잊어서는 아니 될 것이다.

자라나는 2세들이 애국선열들의 충절을 본받도록 가르쳐야 할 것이다. 또한 국가유공자에 대한 국민적 예우도 더 높아졌으면 한다. 대한민국은 수많은 애국선열들이 목숨을 걸고 지켜온 나라임을 한시도 잊어서는 아니 될 것이다.

(2006. 6.)

전쟁기념관과 현양행사

전쟁기념관장으로부터 초청장을 받았다. 고 고경명 의병장 님을 12월 호국인물로 선정하여 현양행사를 거행한다는 것이다. 벅찬 가슴을 안고 전쟁기념관 2층 회의장에 참석했다. 전국에서 수백 명의 관계자와 종친들이 참석하여 행사장은 초만원을 이뤘다. 장내에 애절한 추모 음악이 흐르자 모두 경건한 태도로 행사장은 숙연하였으며, 모두가 장군의 고결한 유덕을 흠모하였다.

전쟁기념사업회 회장은 행사 개요와 더불어 숙연한 표정으로 "호국인물은 침략전쟁에 대항하여 국가수호에 지대한 공헌을 함으로써 후세에 귀감이 될 만한 인물을 심의하여 선정하였습니다. 현양顯揚행사는 유사시 국가와 민족을 위해 살신보국한 선열들의 얼을 높이 추모하여 다시는 이 땅에 전쟁의 참극이 일지 않도록 함에 그 의의가 있습니다." 라고 인사말을 하였다. 모두 장군을 흠모하는 듯 고개를 끄덕이며 우레와 같은 박수를 쳤다.

제봉 고경명高敬命 장군은 광주광역시 압보촌에서 태어나(1533년) 26세에 식년문과 갑과에 장원급제하였다. 성균관에서 관직생활을 시작한 뒤 공조 · 형조 · 사관원 · 사복시 · 영암군수 · 서산군수 등 5개 고을 군수와 동래부사 · 예조판서 등 중앙과 지방의 관직을 두루 역임하였다. 벼슬에서 물러나 낙향한 뒤 향리에서 후학 양성에 전념하였다. 특히 도학道學을 실천하는 선비정신을 위주로 강론을 폈다.

그 이듬해 임진왜란이 발발하자 선생께서는 나라의 위태로움을 걱정하여 식음을 전폐하기에 이르렀다. 장남과 차남 형제를 불러놓고 학문을 하는 것도 모두 나라가 있고 난 다음의 일이라며 우리 모두 전장에 나아가 왜적을 물리치자고 하였다. 3부자가 뜻을 모은 뒤 그런 내용의 격문檄文을 각 도에 돌리고 의병을 일으켰다. 무인이 아닌 학자의 신분으로 자식들까지 내세워 전장에서 목숨을 걸고 싸우려는 제봉 고경명霽峰 高敬命 선생의 우국충정에 감동하여 각 도에서는 의병들이 분연히 일어섰다.

고경명 장군은 두 아들 종후, 인후와 함께 의병을 모아 유팽노, 안영, 양대박을 종사관으로 하여 의병 7천여 명을 거느리고 출병하였다. 금산 전투에서 혈전을 벌였으나 왜군의 신무기에 당하지 못하고 아들들과 함께 그해 7월 7천여 명이 장렬하게 순절하였다.

후손뿐만 아니라 우리 사회에 큰 사표가 되고 있다. 당시 금산 전투에서 순절한 고경명 선생 3부자와 유팽노柳彭老, 안영安瑛 선생 등 5명을 매년 4월 15일 포충사에서 국가적 차원에서 추모행사를 거행한다. 5명 모두 문과에 급제한 분들이다. 그래서 그런지 이 포충사는 호남지방 최고의 호국선열 유적지로 조성되어 있다.

역지사지易地思之란 말이 있다. 만일 지금 임진왜란과 같은 국난이 일어난다면 나라를 지키기 위해 나도 장군처럼 자식들을 앞세워 총을 들고 전쟁터에 나갈 수 있을까? 나 자신은 아무리 생각해 보아도 그런 용기가 없는 것 같다. 아, 고경명 선생은 천추만대에 추앙追仰받을 충의 정신이다.

전쟁기념관에 들어서면 거대한 형제의 상像이 방문객을 압도한다. 세계 각국에는 국기 외에도 도시마다 그 나라를 상징하는 대표적인 역사적 기념물이나 상징물이 있다. 우리나라에는 세종로에 우뚝 선 충무공 이순신 장군 동상, 국립묘지 현충탑, 인천 자유공원의 맥아더 장군 동상 등이 모두 전쟁이 남긴 상징물이다. 그 외 충혼탑과 위령탑 등 전국에 많은 조형물들이 산재해 있다. 그 중 전쟁기념관 내에 있는 '형제의 상'은 전쟁의 비극과 전쟁 이후의 평화를 상징하는 조형물로 국내외 관광객으로부터 특별한 주목을 받고 있다.

'형제의 상'은 6·25전쟁 당시 국군 8사단 박규철 소위와 북한군 8사단 박용철 전사가 치악산 전투에서 극적으로 상봉한 장면을 조형화한 것이라고 한다. 전쟁 이전 황해도에서 월남하여 국군 장교가 된 형 박규철 소위가 북한군에 징집되어 낙동강 전선까지 내려왔다가 후퇴하던 동생을 전장에서 우연히 만나게 되었다. 이 동상은 한국군 장교가 북한군 병사를 격정적激情的으로 포옹한 근사한 동상이라 할 수 있다. 우리는 분단의 비극과 함께 다시는 이러한 비극이 있어서는 안 된다는 것을 간절히 열망하게 된다.

이 동상을 보면서 하부 조형물은 한국전쟁에 참전한 16개국의 기념 조형판이다. 공산주의자들이 저지른 전쟁의 상처가 곳곳에 남아 있지만 오늘 우리가 형제의 상에 특히 주목하는 것은 그토록 염원하는 평화가 그립기 때문이다. 그리고 순국선열의 희생 위에서 얻어진 자유의 소중한 가치가, 분열된 국가의 통합과 통일이 이제는 더 이상 미래의 일이 아니라 형제의 상像처럼 현실이 되어야 하기 때문이다.

전쟁기념관의 전시물은 모두 1만여 점이라고 한다. 창 · 활 · 수류탄 · 대포 · 소총 · 칼 등등 다양하다. 방어용이자 살상용이다. 자라나는 2세에게 전쟁의 참극을 일깨워주는 현장교육이 절실히 요청된다.

한국전쟁, 생각만 해도 머리가 터질 것 같다. 함양, 산청 학살사건, 제주도 4 · 3사건, 외암리 학살사건 등 양민학살 사건은 수 없이 많다. 지역마다 구덩이를 파서 생매장한 사건, 구덩이 속에 몰아넣고 휘발유를 뿌린 다음 불을 지른 사건, 골짜기로 끌고가 총살시킨 사건, 선량한 인간의 생명을 그렇게 참혹하게 죽일 수가 있을까?

전쟁에 관련한 말이나 호국이란 말을 들으면 6 · 25를 떠올린다. 민족상잔의 피비린내 나는 6 · 25를 어찌 잊을 수 있겠는가? 6 · 25가 이 세상에서 가장 잔인한 전쟁의 하나로 기록된다니 참으로 비통하고 창피한 일이다.

우주 가운데 나보다 귀한 존재는 없다는 석가모니의 유아독존

唯我獨尊 사상이나 한 생명은 이 지구 전체와도 바꿀 수 없다고 한 것은 그만큼 인간 생명의 존귀성과 존엄성을 말하는 것이리라. 450만 명의 인명을 파리 목숨처럼 앗아간 한국전쟁이 휴전된 지 반 세기가 훨씬 넘었다. 한반도의 정세는 북핵문제로 또다시 어리석은 불장난이 자행될지 모른다는 불안 속에 있다. 그런데 다행히도 몇 달 전 6자회담 결과 핵 폐기로 가닥이 잡히니 이는 하늘의 진리라 생각된다. 인간의 슬기와 신뢰성을 믿어보고 싶을 뿐이다.

또한 자라나는 2세들이 애국선열들의 충절을 본받도록 가르쳐야 할 것이다. 또한 국가 유공자에 대한 예우도 더 높아졌으면 한다. 우리나라는 수많은 호국선열들이 목숨을 걸고 지켜온 나라임을 한시도 잊어서는 아니 될 것이다.

금번 전쟁기념사업회가 호국인물로 선정하여 현양행사의 주인공이 된 고경명 선생의 숭고한 충의정신을 항상 마음속 깊이 흠모하며 그 사상을 본받아야 하려니 싶다.

(2007. 3. 30.)

포양장 시상식에 다녀와서

희귀한 시상식에 참석했다. 성균관대학교 강당에는 전국에서 참석한 축하객으로 초만원을 이루고 있었다.

사람들은 젊은층이나 노인층, 높고 낮은 지위와 관계없이 상받는 것을 희망하고 또한 선망하는 듯싶다. 상을 받는 것은 즐거움이자 본인은 물론 가문의 영광이요 자랑이기도 할 것이다.

옛날에는 효자 효부상, 공로상 등 몇 가지 정도밖에 없었다. 그런데 요즘에는 경제와 문화가 고도로 발달됨에 따라 OECD국가의 반열에 오른 나라로서 시상의 주체와 명칭이 다양하기도 하다. 문학상 · 예술상 · 효자 · 효부상 · 공로상 · 봉사상 · 근로상이 있는가 하면, 각 기관단체와 사업체, 전문 분야별로 다양한 시상 주체가 있다. 그 중 포양장은 정말 희귀한 상이다.

우리는 오랫동안 농경사회에서 효의 정신을 보고 배우고 느끼며 살아왔다. 그런데 요즘은 농경사회에서 산업사회, 정보화사회로 급격히 바뀌면서 핵가족화로 달려왔다. 요즘은 횡령, 수뢰, 사기, 절도, 폭력, 살인까지 온갖 사회악이 만연蔓延해 가는 실정이다. 효사상은 점점 멀어져가는 상황이니 포양장이란 술어는 당연히 낯선 단어일 수밖에 없을 것 같다.

포양장褒揚狀은 평소 가정에서 부모에게 지극정성으로 효도하고, 형제간은 물론 친척 간에도 화목하므로 사회의 귀감이 되는 사람에게 수여하는 상이다. 거주 지역 향교에서 엄정 심의하여 적합한 글(찬문 : 撰文)을 작성하고, 글씨도 잘 써서 성균관 본부로 올리면 몇 차례의 심의를 거쳐 최종적으로 결정되면 성균관 관장이 시상을 하는 제도다.

모처럼 그 상을 받은 분이 바로 전인주全仁珠 선생이시다. 그분은 진안군 마령면 월운리 산골마을에서 태어나 전주사범학교를 졸업한 뒤 40여 년간 교직에서 봉직한 분이시다. 현직에 있을 때나 퇴직 후에도 연세가 많으신 시부모님을 성심을 다하여 모시므로 주위의 칭송이 자자해지자 향교의 추천으로 이번에 영광의 큰 상을 받게 된 것이다.

전인주 선생은 전주시민의 장 효열장을 비롯하여 교육부장관상 · 국민훈장 석류장 · 성균관 효부상인 포양장까지 받았다. 그 외에도 여러 가지 많은 상을 받은 바 있다. 그런 높은 상을 많이 받은 것이 뒷받침이 되어서 그런지 지금은 한국전례연구원 전북예절원장을 맡고 있다.

또한 전라북도 공무원교육원 · 농민교육원 · 기전대학에서 예절교육을 강의하는 등 왕성한 활동을 하고 있다. 과연 포양장을 받을 자격이 넘치는 분이다.

시아버지 되시는 분은 유명한 서예가 고 석전 황욱石田 黃旭 선생이시다. 그분은 96세까지 사셨지만 시어머니는 65세에 돌아가셨으므로 33년간을 홀시아버지를 모신 것이다. 예부터 홀로된 시모媤母 둘을 모시는 것보다 홀로된 시부媤父 한 분 모시는 것이 더 어렵다고 했다. 상상만 해도 짐작이 갈 만하다. 시아버지를 모시는 일은 식사와 의상 수발 등 얼마나 어렵겠는가! 더구나 석전 선생은 우리 고장은 물론 전국에서도 붓글씨로 명성이 높은 분이다. 아들 황병근 씨 부부가 효성을 다하여 모셨다는 소문은 널리 퍼져 있었다. 석전 선생은 우리나라 최고의 전시장인 세종문화회관을 비롯하여 호암아트홀, 예술의 전당 등에서 몇 차례 전시회를 가졌으며 전북지방은 물론 여러 지역에서 크고 작은 전시회를 연 바도 있다.

또한 전북도민의 장 문화장을 비롯하여 대한민국 은관문화훈장을 받는 영예를 누리기도 했었다.

석전 선생이 돌아가신 뒤 아들 황병근 씨는 그 많은 작품을 국립전주박물관에 기증하였다. 그 작품을 영구 보존케 하였으니 후세 서예인들의 사표가 될 것이다.

전 선생의 부군이신 황병근黃炳槿 씨 또한 효행이 두터운 분임은 물론 상복도 많은 분이다. 전라북도의회에서 상임위원장과 도립국악원을 설립하여 원장을 맡았고, 한국예총 전북지회장, 성균관 전북유도회장을 맡기도 했었다. 전북도민의 장 문화장 · 대한민국예술문화 대상 · 법무부장관상 · 문화부장관상 · 국민훈장모란장까지 굵직한 상들을 받기도 했다.

또한 전 선생의 장남 또한 대한민국 서예대상 등 많은 상을 받고 석전 선생 글씨의 맥을 이어받고 있는 상황이다. 한 집의 4대가 그렇게 크고 작은 상을 받기란 그리 흔치 않을 것이다. 정말 어두운 사회를 밝히는 거울이라 할 만한 가문이다.

상은 받아 본 사람만이 그 기쁨을 느낄 수 있을 것이다. 내가 처음 상을 받은 것은 1960년대에 전라북도지사 상이다. 그 뒤 전라북도지사상 4회, 보건복지부장관상, 내무부장관상, 한국예총부안지부장상, 고씨종문회장상 등 10여 차례의 상을 받았다. 시상식이 있는 날은 아침부터 가슴이 벅차오르고 비상飛翔하는 감정이다. 상을 받은 뒤에는 자기관리가 꼭 필요하다. 과연 내가 그런 상을 받을 만한 자격이 있는지 뒤돌아보게 된다. 또한 모든 행동에 근신謹身해야 한다. 만약 내 행동이 거칠어질 때는 상을 회수해 간다는 마음가짐을 지녀야 할 것이다.

상을 받은 사람이나 받지 못한 사람이나 모두 사회 지도자의 위치에서 생활한다면 우리 사회는 명랑사회가 이룩될 것이다. 금번 포양장까지 받은 전인주 선생에게 더 큰 영광이 있기를 기원하며 축하 또 축하하는 바이다.

제6부

소나무집 5남매

모악산

나는 산을 사랑한다. 그 중 모악산을 제일 사랑한다. 그 모악산이 나에게 초청장을 보내주지 않아도, 나는 가끔 그 모악산을 찾아 안부를 묻는다.

매월 셋째 주 일요일은 변산산우회가 정기적으로 산행을 하는 날이다. 지루한 장마가 끝나고 처서절기인 금년 8월 정기 모임 때도 모악산에 올랐다. 비 갠 뒤의 산이라 목욕 후의 나신裸身처럼 신비롭기 그지없었다. 녹음이 짙어 청량감을 선사해 주었다. 그 날따라 햇빛은 구름에 가려 더위도 잊은 채 등산하기엔 더 없이 좋은 날이었다. 모악산을 사랑하는 사람들에게 축복인 듯싶었다.

모악산母岳山은 노령산맥의 말단부에 솟아 있는데 어머니가 어린 아이를 안고 있는 모양이어서 모악이라고 했다던가. 그러기에 이 산은 여러 가지 설화와 역사를 지닌 영산으로 이름을 얻고 있다.

전주 · 김제 · 익산 · 군산 등 도시 근교에 있어서 전북 10개 공원 중 등산객이 제일 많은 산이다. 사시장철 등산객이 어찌나 많이 모이는지 산이 몸살을 앓을 정도다. 우리가 찾았던 그날은 올 여름 피서의 막바지 무렵이어선지 등산객은 더더욱 많았다.

동 · 서 · 남 · 북 어느 방향으로 올라가든지 길이 반질반질하게 훤히 뚫려 있다. 이 산은 해발 900m 정도로 그리 높거나 낮지도 않다. 경사가 비교적 완만하여 우리 같은 아마추어 등산객들에게는 딱 안성맞춤의 산이다. 기암절벽이 많이 솟아 있지는 않지만 삼림이 울창하여 산림욕을 즐기기에는 아주 좋은 산이다. 조용한 산길을 걷다가 바위에 걸터앉아 지친 도시생활의 피로를 씻는데 더할 나위 없이 좋은 산이다.

등산객들로부터 사랑받는 이유가 어찌 이뿐이겠는가? 모악산은 도시 생활에 찌들어 메마른 정서를 순화시켜주고 지친 육신에 활력을 되찾아주는 청량제 역할이다. 답답한 현실에서 벗어나 어릴 적 소풍갈 때의 설렘을 안고 산에 오를 수 있어서 좋다. 모악산 정상에 올라 넓은 금만평야를 바라보면 가슴이 확 트인다. 모악산 등산의 매력은 호연지기浩然之氣도 기르고, 건강도 챙기는 등 일석 오조도 넘을 듯싶다.

변산산우회는 매달 전국의 유명한 산을 찾는다. 한 달에 한 번씩 고향 사람들끼리 모여 정담을 나누니 반갑고 또한 친화를 돈독히 유지하는 모임이다.

변산산우회는 설립된 지 30개 성상이 지났다. 모악산과 이 모임은 여러 가지로 인연도 많다. 해가 바뀌면 정월에는 으레 시산제始山祭를 모신다. 해마다 우리는 고향인 변산반도 국립공원 내

내변산 봉래구곡蓬萊九曲에서 시산제를 모셨었는데 몇 년 전부터는 명산인 모악산에서 제를 올리기 시작했다.

지난 1월에도 돼지머리와 갖가지 과일 술과 떡 등 제물을 정성껏 준비하여 제사를 올렸다.

"금년 한 해도 변산산우회의 무궁한 발전은 물론 회원 가족 모두의 건강과 더불어 안전한 산행을 지켜 주옵소서. 백두에서 한라까지 모든 산신령님께 고하옵나이다."

라는 축문을 낭독했다. 그 축문 낭독은 항상 나의 몫이다. 회원 모두는 경건한 자세로 최종현 회장을 비롯한 집행부와 모든 회원이 술잔을 올리고 절을 하는 순서로 진행된다. 일부 의식이 끝나고 술과 다과를 나누노라면 향우끼리의 친목은 한층 더 돈독해진다.

모악산을 포함하여 우리나라는 전 국토의 약 3분의 2가 산지로 이루어져 있다. 예로부터 우리 겨레는 산을 신성시하여 왔다. 우리 겨레에게 있어서 산은 단지 그들이 거기서 태어나 거기에 묻힌다는 생명의 근원이라는 의식만이 아닌 역사와 전설과 설화의 성역이기도 하다. 그것 때문에 나라를 지켜야 한다는 생활신조가 뿌리 깊이 정신에 박혀 있다. 산에 올라 인간세상의 잡다한 일들을 떠올려보는 재미 또한 등산의 묘미가 아니겠는가.

요즈음에 와서는 산을 파헤쳐 도로를 내고, 호화주택이나 위락시설이 들어서고 있어서 안타깝다. 그것은 산의 정기를 해치고 민심을 황폐케 하는 일이 아닌가 싶다.

산은 언제나 산소를 공급해주고 편안히 쉴 수 있는 시민의 안식처 역할을 한다. 그런 산이니 만큼 더 이상 훼손하지 말고 그냥 원형 그대로 보존되었으면 한다.

몇 달이 지나면 2007년도 새해 시산제를 영산인 이 모악산에서 또 가지게 될 것이다. 그 때 나는 맑은 목소리로 근엄하게 시산제 축문을 또 읽을 것이다.

(2006. 8. 30.)

소나무집 5남매

우리 집은 소나무집이다. 정원에 약 150년쯤 되는 소나무 한 그루가 의연히 서 있기 때문에 오래 전부터 동네 사람들이 소나무 집이라 했다.

여름엔 시원한 그늘을 선사하고 겨울엔 푸르름과 신선감을 안겨준다. 그 소나무는 자태가 고고해서 좋다. 옛날 누가 심어 놓고 정을 붙이며 살다가 이사를 갔는지 알 수는 없다. 예부터 나무를 심는 것은 백년대계라 했다. 누구인지 모르지만 소나무를 심은 그분은 덕을 베풀고 간 셈이다. 내가 이사 오기 전에는 3대가 교육자인 송황 선생이 살았었다. 그 분은 서울로 이사하면서 나에게 후하게 베풀고 떠났다. 정말 고마운 분이다.

정원과 담장 사이에 비스듬히 누워 있어 방에 앉아서도 문만 열면 그 소나무는 한눈에 들어온다. 날마다 아침, 저녁으로 눈인사를 나누다보니 소나무도 식솔처럼 정이 듬뿍 들었다. 이른 아침의 소나무는 눈부시고 상쾌해 하루를 시작하는 데 더없이 좋은 청량제가 되어준다.

우리나라 어느 산이든지 소나무 없는 산은 거의 없다. 그러나 동네 가운데 집 정원의 담을 벗삼아 버티고 선 소나무는 그리 흔치 않을 듯싶다. 그 나무 밑을 지나가는 사람들은 각각 본 대로 느낀 대로 한 마디씩 하고 지나간다. "참, 그 소나무 이상하게도 반쯤 누워 있네. 집 정원에 웬 소나무가 서 있대? 그것 참 집안에 있으니 귀하게 보이네." 등등 자기 느낌대로 찬사를 아끼지 않고 지나간다. 그 사람들은 정원에 그렇게 큰 소나무가 있는 것이 부러워하는 표현인 듯싶다.

산에 오르면 흔한 게 소나무다. 곧게 큰 나무 옆으로 반쯤 누운 나무, 두 갈래로 팔이나 다리를 쩍 벌린 Y자 모양의 나무, 바위틈을 파고 서 있는 듯한 나무, 아슬아슬하게 바위에 버티고 서 있는 나무 등 수많은 형태의 소나무들을 볼 수가 있다. 높은 산 낮은 산, 깊고 낮은 골짜기에 자리잡은 소나무 군락들! 천변을 병풍처럼 둘러싼 소나무들! 백두에서 한라까지 어느 지방을 가든지 소나무숲은 장관을 이룬다.

아무리 산에 소나무가 많다 해도 우리 집 정원의 소나무처럼 깊은 인연을 맺기는 쉽지 않을 것 같다. 지난 80년 5 · 18 광주민주화운동이 한참 발발했을 때 이 집으로 이사 온 지 벌써 26개 성상을 맞았다. 4남 1녀와 우리 내외 등 일곱 식구가 이사 올 때만 해도 나무는 그렇게 크지 않았는데 지금은 낙락장송이다. 그 당시 아이들이 초 · 중 · 고를 다녔지만 이젠 모두 성장하여 슬하에 손자 손녀 여덟 명과 아들 며느리 등 19명의 대가족을 이뤘다. 손자 손녀가 공부를 잘하니 그렇게 귀여울 수가 없다. 세수 95세가 되시는 어머님께서도 우리 집 동량棟樑이라 하시며 증손들을 금쪽같이 귀여워하신다.

정보화시대를 맞아 우리 소나무집 5남매는 홈페이지를 개설하고 그 명칭도 '소나무집 5남매'로 이름지어 운영한다. 즐거운 일, 어려운 일, 하고 싶은 말, 모임, 생일 등을 모두 게시판에 올리고 메일로 전한다. 참 편리한 세상이다. 컴퓨터 앞에 앉아 클릭만 하면 아들 며느리 손자들과 대화를 나눌 수 있다. 오늘은 또 무슨 기쁜 소식이 있는지 궁금하여 카페에 들어가 본다.

소나무는 가파른 벼랑에서도 뿌리내려 사철 푸름을 자랑하며 늘 변함없는 모습 그대로다. 그래서 일편단심, 자존심, 절개, 지조, 불로장생을 상징하지 않던가. 비가 오나 눈이 오나 바람이 부나 영하의 날씨에도 변함없는 그 모습, 사시장철 푸름을 자랑하고 꿋꿋이 살아가는 소나무를 보고 많은 것을 배우고 깨달으며 살아왔다.

소나무는 우리 민족의 삶 속에 늘 함께 있는 나무다. 아기가 태어나면 금줄을 치고 솔잎가지를 매달아 나쁜 기운을 막고자 했다. 예부터 우리는 소나무로 지은 집에서 살며 그 나무로 불을 지폈고, 소나무 껍질이며 그 꽃가루에서까지 많은 먹을거리를 얻어내기도 했다. 소나무 아래서 태어나 소나무와 더불어 살다가 죽는다.

우리 집은 국경일마다 어김없이 태극기를 게양한다. 나는 태극기를 걸 때마다 애국가의 가사를 떠올린다.

"남산 위에 저 소나무 철갑을 두른 듯 바람서리 불변함은 우리 기상일세."

과연 그렇다. 메마른 땅이나 기암절벽에서도 살아가고, 해변의 벼랑이나 심지어 바위에서도 사는 게 소나무다. 태어날 때부터 죽을 때까지 아무리 북풍한설이 몰아쳐도 굴하지 않고 살아가는 청정한 소나무! 그 나무의 덕을 본받아 우리 소나무집 5남매도 소나무처럼 굳건하게 살아가기를 기원한다.

예쁜 나비 미운 나비

우리 집 정원에는 나비가 많이 날아든다. 노랑나비, 흰나비, 호랑나비, 기생나비 등 여러 종류의 나비들이 심심치 않게 우리 집 꽃밭을 찾는다.

대문만 나서면 온갖 꽃들이 지천으로 피어 있는 시골에서 살다가 도회지인 전주로 나오게 되었다. 우리 집 정원에는 천연기념물로 지정된 꽃나무 네댓 종류와 목련, 동백, 철쭉 등 여러 가지 꽃나무가 철따라 꽃을 피우며 자태를 자랑한다.

아내는 유난히 꽃을 좋아한다. 그러니 꽃을 가꾸는 것은 당연히 아내의 몫이다. 어디서 구해 왔는지 초본 꽃만 해도 30여 종이 훨씬 넘을 듯싶다. 튜울립(tulip), 옥잠화, 꽃무릇, 나팔꽃 등 많은 꽃들이 앞을 다퉈 핀다. 요즘은 붉고 노랗고 흰 국화꽃이 소담하게 피어 밝은 미소를 지으며 벌·나비를 불러 모은다.

꽃은 종류에 따라 피는 시기와 향이 각각 다르다. 3월에 피기 시작한 꽃은 11월까지 이어진다. 그야말로 우리 집 뜨락은 아기 엉덩이만큼이나 작은 꽃밭이다.

나비는 눈도 밝고 후각도 발달한 곤충이다. 그 많은 꽃들이 피는 시기와 향도 다를 텐데 나비는 용케도 알고 찾아온다. 꽃을 찾아온 나비는 오랜만에 만난 젊은 부부처럼 꽃과 진한 사랑을 나눈다.

날렵하다 못해 삶의 무게를 벗어던진 듯한 나비의 모습에서 고대인들이 영혼의 형상을 떠올린 것도 무리는 아닐 듯싶다. 또한 마지막 모습이 추한 다른 동물과 달리 나비는 최후의 단계에서 가장 아름다운 모습을 드러낸다. 마치 승리자처럼…….

나비는 어린 시절의 추억을 떠올려준다. 아버지가 화단에서 벌 한 마리를 잡아 내 눈앞으로 들이밀면서 빙그레 웃으시던 모습이 지금도 눈에 선하다. 그러면 우리는 예쁜 나비를 잡아 달라고 떼를 쓰기도 했었다. 아버지는 또 나비를 잡아주시면서 그대로 보기만 하라고 말씀하셨다. 만약 나비 잡은 손으로 눈을 문지르면 장님이 될 수도 있고 나비가 쉽게 죽는다고 일러주셨다. 어린 때라 당시에는 영문도 몰랐다. 그 뒤 알고 보니 독성이 눈에 들어가면 해로울 뿐만 아니라 나비를 죽이지 못하게 하려는 배려였었다. 그리고 봄에는 동네 꼬마친구들끼리 봄 나비를 누가 제일 먼저 보았는가 하고 겨루기도 했다. 나비를 일찍 보면 좋은 일이 있을 것이라 여겼기 때문이다.

오늘 낮에는 호랑나비 한 쌍이 화단에서 유희를 하고 있었다. 구절초九節草 흰 꽃이 만발했기 때문에 찾아온 것이다. 푸른 하늘에는 구름 한 점도 없다. 그야말로 천고마비의 계절이다. 이런 청명한 날에 그 한 쌍의 나비는 꽃향기 사냥도 할 겸 데이트를 즐기는 모양이다. 금실도 좋다.

향이 진한 그 꽃을 암수가 번갈아가며 날아들고 꽃의 향기를 서로 권하며 화음和音을 전하는 듯싶다. 비록 말은 못하지만 부부 금실만은 찰떡궁합인 것 같다. 특히 낮에 활동하는 동물이라 그 애정행각이 더욱 진한 것 같다. 홀아비나 과부가 저 나비들의 사랑놀이를 보면 샘이 나기도 한다.

나는 평소 답답할 때면 정원으로 나가서 꽃을 바라보며 사색에 잠기곤 한다. 꽃을 바라보고 있으면 어김없이 나비가 찾아온다. 그 나비의 춤 솜씨를 감상하는 일은 즐겁다. 정말 어떤 무희舞姬가 저 나비처럼 나긋나긋 아름다운 춤을 출 수 있을 것인가.

신나게 춤을 추던 나비 한 쌍이 즐길 만큼 즐겼는지 울타리를 넘어서 훨훨 날아간다. 문득 나에게도 저런 날개가 있으면 편리하겠구나 싶다.

언젠가 함평의 나비전시관을 돌아본 적이 있다. 세계적으로 이름난 나비들이 각자의 이름표를 달고 있었다. 유리관 안에서 또는 벽면에 붙은 채로 자태를 뽐내고 있었다. 이미 박제된 기구한 팔자지만 고운 자태였다.

세계적으로 나비는 2만여 종이나 된다는데 함평 나비생태공원에는 5만여 마리의 나비가 사육되고 있었다.

나비는 예쁜 나비만 있는 게 아니었다. 금년 여름에는 초대받지 않은 나비가 찾아와 엄청난 인명과 재산피해를 끼쳤다. 여름이면 어김없이 찾아오는 태풍이다. 하필이면 사나운 태풍에게 순한 나비란 이름을 붙였는지 모르겠다. 급속도로 달려온 태풍 나비는 제주도를 건너 동해안을 강타한 뒤 일본으로 날아갔다. 생각만 해도 끔찍한 일이다. 인간에게 이로움을 주지 못하고 해를 끼치는 나비는 정말 미운 나비다.

(2005. 10. 8.)

가뭄비와 장맛비

가문 대지에 단비가 넉넉히 내렸다. 정말 반가운 비다. 하느님의 은혜를 한시라도 잊어서는 아니 될 것 같다. 목마른 사람에게 물을 주고, 가뭄으로 말라가는 식물에게 단비를 내려주니 그 은혜를 어찌 잊을 수 있겠는가?

비는 식물들에게 생명력을 불어넣어준다. 단비를 맞은 벌레나 짐승들의 활동이 활발해진다. 장맛비를 맞고 자란 식물이 서서히 새 힘을 얻어 아스팔트나 바위를 뚫고 나오는 것을 보면 그 무서운 생명력에 경탄치 않을 수 없다. 또 두꺼비는 장마철에만 나타난다. 예부터 어른들은 자식이 두꺼비처럼 잘 자라고 듬직한 사내가 되기를 바랐었다.

한낮에는 햇살마저 따갑더니 초저녁부터 비는 또 내리기 시작했다. 가뭄에 시달린 대지가 해갈解渴하기에 충분한 양의 비가 내렸다. 밤이 이슥해지자 빗줄기는 점점 굵어졌다.

빗소리는 닫힌 가슴을 열어놓는다. 빗소리는 장엄한 오케스트라의 연주처럼 창문을 두드리기도 하고, 감미로운 선율을 선사하기도 한다. 또한 투명한 유리창에 부딪히는 빗방울은 마치 올챙이 새끼처럼 빠르게 움직인다. 그 모습을 바라보는 것도 흥미롭다. 비가 내리면 헝클어진 생활리듬도 차분히 제자리로 돌아오는 느낌이 들어서 좋다.

어린 시절, 비 오는 날 황토 마당엔 여인의 보조개 같은 모습이 만들어졌다. 추녀 끝에서 물방울이 떨어져 마당에 움푹 파인 자국이 남는다. 그 모습이 마치 수줍은 여인의 보조개 같았다. 그때 그 낙숫물 소리가 그립다. 심금을 울린 그 빗소리가 내 마음을 다독거려 주어서 더 없이 좋았었다.

빗소리를 들으며 울어야 할 까닭은 없다. 그러나 빗소리에 돌아가신 아버지 생각으로 눈물이 고인다. 아버지는 비 오는 날을 유난히도 좋아하셨다. 비가 내리면 맷돌로 마련한 밀가루로 팥죽을 끓여 먹고 부침개를 만들어 온 식구가 오순도순 맛있게 먹었던 기억이 생생하다. 특히 가족사랑이 지극하신 할머님과 어머님께서는 비올 때마다 준비하는 단골메뉴였다.

우리 부부는 뒤란의 채소밭에 고추 · 상추 · 오이 · 가지 · 토마토 · 호박 등 10여 가지 이상의 채소를 유기농으로 가꾸고 있다. 한참 동안 가뭄으로 시들어가던 채소가 이번 단비로 활기를 찾았다. 주렁주렁 매달린 채소와 열매를 바라보고 있노라면 노력의 대가를 톡톡히 보상받은 것 같다. 잘 자란 채소를 자식들에게도 나눠주고 이웃들과 나누어 먹는 기쁨 또한 좋다. 하여튼 이번 비는 단비요, 효자비이며, 고마운 비다.

예부터 우순풍조雨順風調라는 말이 있다. 비는 한꺼번에 많이 쏟아져도 안 되고 바람이 강하게 불어도 안 된다는 뜻이다. 우리는 농경민족이기에 오랜 경험을 바탕으로 그런 교훈을 얻었을 것이다. 그러나 날씨란 사람의 마음대로 되는 것이 아니다. 모두 하늘의 조화에 달렸다. 그래서 우리 조상들은 모든 것을 하늘에 맡겼었다.

지금도 이런 기후조건에는 변화가 없다. 아무리 과학이 발달해도 과학으로 비를 내리게 할 수 없고 바람을 멈추게 할 수도 없다. 아직도 인간은 자연보다 무력한 존재이기에 언제나 자연에 순응 할 수밖에 없다.

"진실로 자연이 인간을 도와주지 않으면 인간은 멸망할 수밖에 없다."

고 한 몽테뉴의 말은 천 번 만 번 옳다.

매년 이맘때면 해마다 반복되는 집중호우 때문에 씻을 수 없는 피해를 입었다. 그런데 올 들어서는 가뭄해갈과 농사에 도움이 될 만큼 적당량의 비만 내렸다. 농가에서는 이번 비를 단비요 효자장마라 반기고 있다.

아직 장마가 다 끝나지는 않았다. 앞으로 장마가 끝날 때까지 우순풍조하여 풍요롭고 평화로운 한 해가 되기를 빌고 또 빈다.

(2007. 7. 17.)

귀빈과 연향을

귀한 손님이 모처럼 우리 집에 오셨다. 그 분은 내 고향 부안에서 독실한 신앙생활을 하는 행안교회 최낙천 장로님이시다.

우리 집은 전통적으로 유교를 숭상하는 집이다. 종교는 서로 다르지만 오래 전부터 깊은 친교를 맺고 지내는 처지다. 오가피차 한 잔씩을 나누며 많은 정담을 나누었다.

그 귀한 손님을 연꽃이 만개한 덕진공원으로 안내했다. 공원의 정문인 연지문蓮池門에 도착했다. 연향蓮香은 벌써 문밖까지 달려나와 우리를 반갑게 맞아주었다.

지금은 여름 삼복절기다. 매년 이맘때면 어김없이 연꽃이 방긋 웃으며 손님을 맞는다. 지루한 장마가 끝난 오후다. 연향을 찾아온 탐방객들이 어디서 그렇게 많이 왔는지 모르겠다. 오늘 따라 하늘에는 구름 한 점 없이 맑은 것을 보니 하느님도 역시 오늘의 탐방객들을 반갑게 맞아주는 것 같다. 그 장로님은 덕진공원을 처음 오셨다고 하였다. 덕진공원으로 모시기를 잘했구나 싶었다.

출렁이는 연화교蓮花橋를 조심스럽게 건너면서 연꽃의 자태를 바라보며 감탄사를 연발했다. 덕진 연못의 진수眞髓라 할 수 있는 연지정蓮池亭에 올라 널따란 꽃밭을 바라보는 것도 흥미롭다. 연꽃들은 모두 푸른 연잎을 양산처럼 받쳐들고 있었다. 연향은 석양의 바람을 타고 코를 파고들었다. 그 넓은 호수의 절반 정도를 거의 메운 연꽃은 마치 온 방죽에 연꽃방석을 깔아 놓은 듯싶었다. 곱게 화장한 여인의 입술같이 아름답고 신비한 연꽃, 참으로 깨끗하고 우아한 모습이다. 어느 꽃보다도 단연 빼어난 자태다. 덕진 연못은 낭만적이며 서정적인 분위기를 연출하고 있었다.

예부터 연꽃이 미풍을 만나면 분홍꽃잎이 벌어진다고 했다. 오늘 석양의 미풍을 받은 연꽃의 꽃잎이 벌어지는 장면을 보았다. 역시 자연의 신비를 실감케 하는 경이로운 모습이다.

그 곱디곱고 아름다운 연꽃들을 마음껏 감상하는 것은 정말 즐거운 일이다. 바람에 실려 날아온 은은한 연꽃 향기에 세상의 모든 근심까지 사라지는 것 같은 상쾌한 느낌이다.

장로님과 나는 석양 노을을 벗삼아 연꽃에 대한 많은 이야기를 나누었다. 연꽃은 한 받침대에 두 꽃송이가 피어나기에 부부간에는 화락을, 연밥에 씨가 많아서 자손 번창과 장수를 얻을 수 있는 식물이다. 그러므로 예부터 여인들이 특히 연꽃을 사랑하고 그 꽃처럼 되고자 바랐던 것이다.

이곳 연지정은 공원을 찾아온 모든 사람들의 쉼터요 관망대觀望臺라 할 수 있다. 정자의 현판은 유명한 서예가 여산 권갑석如山

權甲石 선생의 글씨여서 한층 더 돋보였다. 또한 한시로 유명한 청암 한상훈晴菴 韓相薰 선생의 애련시愛蓮詩 편액도 걸려 있어서 운치를 더해 주었다. 연향에 도취되노라니 중국 주자의 유명한 애련시 한 구절이 떠오른다.

"나는 홀로 연꽃을 사랑한다. 진흙에서 자라도 더러움에 물들지 않고, 잔물결에 흔들려도 요염하지 않으며, 속은 통하고 겉은 곧으며, 덩굴지지 않고 가지치지 않으며, 향기는 멀수록 더욱 맑고 우뚝 솟아 서 있으니 멀리서 바라볼 수는 있어도 옆에서 감히 매만질 수는 없다."

과연 그렇다. 연꽃은 고고하고 청아하기 그지없다. 연꽃에 얽힌 많은 이야기를 나누며 연 방죽을 한 바퀴 빙 돌았다. 방죽 한가운데 있는 수정궁 휴게실로 자리를 옮겼다. 장로님은 오렌지 주스를, 나는 시원한 맥주를 앞에 놓고 불그스레한 저녁노을을 받으며 정담을 나누었다. 우리는 종교도 다르지만 음주와 음료문화도 다르다. 마침 방죽 한가운데에서는 수중 분수가 다섯 가지 색깔을 보여주며 경쾌한 음악에 맞춰 하늘 높이 치솟았다. 그 또한 낭만적이고 상쾌한 장면이었다.

그 손님은 뉴스에서 본 연꽃보다 훨씬 더 고고하고 청아하며 장엄하다고 거듭 감탄하였다. 한동안 자녀 교육을 위하여 전주에서 10여 년을 살았지만 덕진 연못을 한 번도 찾지 못하고 다시 부안으로 이사를 했다고 한다. 그의 생활태도는 연꽃만큼이나 고고하고 청아하다고 할까. 부안에서 현재 양봉사업을 크게 하면서 양봉협회 회장과 기독실업인협회 회장 등 지역사회에서 여러 가지 봉사활동을 하고 있는 분이다. 요즘 사회악이 만연蔓延한 이

시대에 진실한 신앙인으로 살아가는 그 태도는 연꽃만큼이나 순백 순결하다 하겠다.

저녁노을이 주홍색 물감으로 연못을 물들이고 있었다. 황홀하기 그지없다. 최낙천 장로님과 나는 내년 이맘때 다시 찾아올 것을 약속하고 아쉬움을 남긴 채 연지문을 나섰다. 지금도 연향이 내 코끝에 스멀스멀 스치는 듯싶다.

(2007. 7. 30.)

다시 찾은 변산

변산산우회원들은 매년 가을 변산을 찾는다. 오늘따라 구름 한 점 없는 전형적 가을 날씨다. 전주를 출발한 버스는 시원하게 뚫린 김제 만경 넓은 들녘을 가로질러 변산을 향하여 달린다.

차창 밖으로 가을풍경이 풍성하게 다가온다. 황금빛 들녘은 벼 수확이 한창이다. 도로 양 길섶에는 코스모스가 손을 흔들며 반긴다. 이름도 성도 알 수 없는 가을 들꽃들도 덩달아 웃는다. 들녘의 밭에서는 1년 내내 땀 흘려 지은 가을 곡식들을 거두는 농부들의 손길이 더더욱 바쁘다. 농민들은 여름의 땀 값을 가을에 보상받는다.

변산 출신으로 구성된 변산산우회는 부안, 전주, 서울, 부산 등 4개 지역에 300여 명의 회원을 갖고 있다. 매월 각 지역별로 모임을 갖고, 봄과 가을이면 고향인 변산에서 합동 산행을 한다.

고향을 사랑하지 않는 사람이 어디 있으랴만, 고향을 그리는 끈끈한 정으로 맺어진 이 모임은 어떠한 모임보다도 형제와 같은 가족적인 분위기로 매월 셋째 일요일이면 모임을 갖는다. 설레는 마음으로 그 날을 기다린다.

벌써 20여 년 동안이나 거르지 않고 매년 10월 변산을 찾는 우리를 고향사람들은 모두 반가워한다. 붉게 익은 감, 형형색색으로 물든 단풍나무와 청청한 소나무, 소박한 들국화도 우리의 얼굴을 알아보는 듯 활짝 웃으며 반겨준다. 매년 10월에만 찾아오는 어떤 회원은 변산은 오색단풍산 같다고 탄성嘆聲을 지른다.

나는 푸른 하늘을 바라보며 청량한 가을의 환상에 젖어 어린 시절을 떠올린다. 동네 아이들과 어울려 아랫마을 앞산 중턱까지 올라간 적이 있었다. 다래며 산열매를 따먹다가 땅거미가 질 무렵 집으로 돌아왔었다. 부모님은 산적에게 유괴나 되지 않았나 걱정을 하시며, 위 아랫마을을 다 뒤지고 다니셨다고 했다. 그 때 피멍이 들도록 종아리를 맞았던 일이 주마등처럼 떠오른다. 그 이후로는 외출하려면 반드시 행방과 시간을 말씀드리곤 했었다.

봉래구곡을 가는 도중 반계磻溪 유형원柳馨遠 선생의 유적지 우반동 마을 입구에 서 있는 표지판을 보았다. 이곳 초야에서 학문을 연구하다 세상을 떠난 반계 선생을 나는 항상 흠모한다. 실사구시實事求是의 횃불이요, 실학의 선구자라 할 수 있는 반계 선생은 부안의 자랑이다.

반계 선생은 3백여 년 전 일찍이 봉건사회를 개혁하여 복지사회를 만들어갈 것을 주창한 선각자였다. 그 분이 살다간 시대는 임진 · 병자 양란을 거치면서 나라가 혼돈에 빠지고, 부패한 정치는 국민의 삶을 도탄에 빠지게 했던 암울한 시대였다. 당시는 나라와 겨레가 위난에 처해 있을 때였다. 반계 선생은 오직 나라를 구하겠다는 일념으로 부귀공명을 다 버리고 우리 고장 변산의 바닷가 우반동에 초가집을 짓고 20여 년 동안 우거하며 많은 저서를 남기셨다. 이론보다는 사물을 중시하는 백성의 실생활에 필요한 이용후생利用厚生의 학문을 연구했다.

특히 우리 실생활의 유익을 목표로 한 정치, 경제, 언어, 천문, 지리, 금석 등에 탁월한 업적을 남긴 학자가 바로 반계 유형원 선생이시다. 정말 부안의 인물이며 자랑이 아닐 수 없다.

변산반도의 명소 중 소금강小金剛이라 일컫는 봉래구곡 직소폭포直沼瀑布는 언제 보아도 장관이다. 30m가 넘는 폭포를 옆에서 바라보니 아낙네가 흰 베를 몸에 두르고 우리를 환영하는 듯 싶었다. 정면에서 직소폭포를 바라보던 어떤 회원은 살찐 암소가 시원하게 배설을 하는 모양 같다고 하여 폭소를 자아냈다.

소沼의 주변 바위 틈새에 발을 뻗고 비스듬히 누워 있는 소나무는 천연분재였다. 폭포를 둘러싼 단풍나무들도 노랑, 빨강 등 수많은 색상으로 옷을 갈아입었다.

예로부터 절경에 도취한 수많은 시인 묵객들이 이곳을 찾아 시를 짓고 읊었던 곳으로도 유명한 곳이 이 봉래구곡이다. 적막한 산 속에서 들려오는 산새소리, 바람소리, 물소리는 대자연의 합창이었다. 나는 신선이 된 느낌이었다.

중국의 유명한 연주시聯珠詩 중 폭포에 관련한 시 한 수가 떠올랐다.

폭포수 흘러내려
3천 자를 날으니
인간을 초월한
별유천지로다(別有天地)

(2002. 11. 2.)

제7부

명산은 인걸을 낳고

소고당 고단 여사의 가사문학비 제막전

낯선 초청장을 받았다. 태산泰山선비문화보존회에서 보낸 것이다. 소고당 고단 여사 가사문학비 제막전紹古堂高端女士 歌辭文學碑 除幕典이 2007년 5월 22일 산외중학교 교정에서 열린다는 내용이었다.

그날따라 하늘엔 구름 한 점 없이 쾌청한 날씨였다. 하느님도 역시 소고당의 고고한 가사문학비 제막전을 축하하는 것 같다. 행사장이 가까워지자 찻길은 정체를 거듭했다. 어디서 그렇게 많은 축하객이 모여들었는지 산외중학교 교정을 가득 메웠다. 역시 희귀한 문학이요, 희귀한 문학비 제막식이었다.

우리가 유적지나 유원지, 문학동산 등을 가보면 문학비와 시비를 볼 수 있다. 그 중 기적비, 공덕비, 효자비, 효부비 등을 가끔 볼 수 있다. 가까운 덕진공원에는 신석정, 김해강, 신근(백양촌),

이철균 선생 등의 시비가 공원 중앙에 자리잡고 있지만 가사문학비는 없다.

본 행사가 시작되자 회장의 인사말에 이어 전라북도교육위원회 신국중愼國重 의장의 축사가 이어졌다.

“여기 고현내는 우리나라 가사문학의 효시嚆矢라 할 수 있는 불우헌 정극인不憂軒 丁克仁 선생의 상춘곡賞春曲으로부터 승화되어 선비문화의 중심지로 자리해 온 문예의 고장입니다. 정극인 선생의 상춘곡도 이곳 고현내에서 지어졌으며 가사문학의 맥을 이어온 소고당 고단 여사님은 ‘산외별곡’ 외에 60여 편의 가사를 창작하여 우리나라 규방閨房가사의 큰 획을 그었습니다.”
라고 극찬을 아끼지 않았다.

과연 그렇다. 정극인 선생을 비롯하여 송순宋純, 백광홍白光弘, 정철鄭澈, 윤선도尹善道 등 호남지방의 선비들이 단연 주류를 이루고 있으나 여성 위주의 규방가사는 영남지방에서 성행하였다. 한국 현대규방가사의 대표적인 분은 영남의 은촌 조애영趙愛泳 님과 호남의 소고당 고단 여사님이 쌍벽을 이룬다.

소고당 여사의 가사인 삼신기명애무가와 망향가 등에서는 집안의 안녕과 고향의 사시풍경을 자랑하고 그리워하며 번영을 바라는 애틋한 마음을 엿볼 수 있다. 86세 노령임에도 불구하고 1만 4천여 구절을 창작하신 그 열정은 후세에 귀감이 될 만하다. 몇 권의 책을 발간하고 지금도 10여 편의 가사가 있다고 한다. 참으로 가문의 별이요, 호남의 자랑이라 아니할 수 없다.

지난 2003년 5월 장흥문화원에서는 소고당의 친정 장흥읍 평화동에 ‘친정길’이란 가사비를 세워 그 고장의 자랑으로 삼았다.

그런데 금년 5월에 이곳에 '산외별곡'이란 가사비를 세웠으니 이는 친정과 시가媤家 고장의 큰 영광이다.

비 제막식에 이어 가사문학 학술발표회가 있었다. 우리 고장의 최승범崔勝範 박사 외 몇 분이 '소고당 고단 여사와 가사문학 그 담론談論'이란 제목으로 강론을 폈다. 한 가문의 규방에서 뿐만 아니라 주위엔 언제나 여중군자의 기품으로 특히 우리의 전통적인 미덕 미풍이 시대적인 추세에 따라 밀려나는 것을 아쉬워하였다고 평했다.

소고당의 부군이신 김환재金煥在 선생님이 든든한 후원자이시다. 향토사학자요 향교 전교 등 향토사학 여러 단체의 회장을 맡고 있으며 지난 2006년에는 전북의 어른상을 수상하기도 했다. 또한 이렇게 문학성이 높은 것은 16대 조부이신 제봉 고경명霽峯高敬命 선생의 문학의 혼을 이어받아 훌륭한 가사문학가가 된 것 같다고 평하기도 했다. 여하튼 소고당 고단 여사의 문학정신이 자라나는 후진들에게 참삶의 아름다운 거울이 되기를 바라는 마음 간절하다.

(2007. 9. 12.)

샘물, 김명수 벗님과 나의 인연

세월은 나이 속도만큼 흐른다는 말이 있다. 봄날 시냇물처럼 졸졸 흐르던 세월이 환갑이 지난 뒤부터는 어느 날 갑자기 고속으로 변속되면서 걷잡을 수 없이 흐른다. 너희들도 얼마 남지 않았다던 선배의 심정을 이해할 만하다. 그 때는 그게 무슨 말인지 쉽게 이해를 못했지만 지금 와서 생각하니 과연 그렇겠구나 싶다.

사람이 애기로 태어나서 어른이 되고 늙어서 생을 마감하는 것은 우리 인생살이의 과정이다. 또 누구에게나 닥치는 일이다. 이제 희수稀壽를 맞는 주인공 샘물 김명수 님에게 축사를 해야 할 때가 되었다.

프랑스 작가 로버트의 노을빛 사랑이야기가 떠오른다. 그는 자신을 현실대로 숨김없이 드러낸다. 중년의 사랑이야기를 음미하며 지금까지는 자식과 남편을 위해 살았다면, 회갑을 맞은 뒤부터는 자신의 인생과 자신의 사랑을 위해 사는 분기점으로 삼으라고 권했다. 술은 입으로 마시고 혀끝으로 음미하지만, 사랑은 눈으로 삼키고 가슴에 심는 것이기에 영원히 20대의 가슴으로 살아가라고 당부했다. 하물며 고희를 맞는 시점에서는 더할 나위 없이 나이에 순응해야 할 것이다. 또한 이 말을 꼭 권하고 싶다.

친구인 샘물 김명수金明洙와는 여러 가지로 인연이 많다. 6 · 25 사변을 거쳐 9 · 28 수복을 맞을 때부터였다. 내 고향은 변산반도 내변산 청림 노적마을이다. 산 속 깊숙한 곳이어서 공산당의 잔당이 남아 있어 불안은 계속되었고 전 지역이 공비 토벌작전의 격전지가 되었었다. 그 당시 나는 청림초등학교 6학년에 재학 중이었다. 전 재산과 집은 모두 소실되었다. 학교는 물론 그 지역 5백여 가구가 불에 타 잿빛으로 변해 버렸다.

낮에는 경찰이 치안을 맡고 밤에는 빨치산이 교대하므로 낮과 밤 사이에 주인이 바뀌니 더 이상 고향에서 버틸 수가 없었다. 할머니와 아버지, 어머니, 우리 4남매 등 일곱 식구가 보따리를 이고지고 간신히 부안군 주산면 고모님 댁으로 피난을 갔었다. 그 때는 전쟁 중이라 인심과 의리도 다 망가진 세상이 되었다. 그런데도 고모님 댁 가족들은 생명은 무사하니 천만 다행이라며 흔쾌히 맞아주었다. 정말 고마웠다. 그 은혜는 평생 잊지 못할 일이다.

피난생활을 시작한 그 이듬해 신학기부터 주산초등학교 6학년에 편입하게 되었다. 그 때부터 샘물 김명수와의 만남은 시작되었다. 샘물은 학업 성적이 우수하여 전교에서 모르는 학생이 없을 정도였다. 성실하고 발랄한 성격을 지닌 개구쟁이 친구였다. 그런데 편입학한 낯선 학생들에게 텃세를 부리는 악동의 기질을 갖고 있었다. 그때 나는 키도 크고 힘이 세어 맞대응하며 크고 작은 싸움을 벌이곤 했었다. 코흘리개 시절의 이러한 싸움 끝에 우리는 더욱 친하게 되었다. 그 뒤 56개 성상星霜이 넘도록 죽마고우로서 끈끈한 정을 유지해 오고 있다.

친구는 거북이의 전설을 지닌 구담龜潭마을에서 살았다. 우리 이모님이 그 마을에서 살았기 때문에 우리 둘은 더 친해질 수 있었다. 샘물과의 인연은 유난히 깊고 특별했다. 군대 입영동기였다. 논산훈련소에서 훈련병 생활을 함께 한 군우軍友로서의 인연까지 갖게 되었다. 훈련병 시절 아주 성실하고 기백이 넘친 병사로 인정되어 향도라는 직책을 맡아 앞장서 활동하기도 했다.

그뿐이 아니다. 내가 문단에 수필가로 등단할 때 샘물과 나와의 인연을 소재로 〈벗을 생각하며〉라는 제목으로 원고를 썼었다. 월간 ≪문학공간≫에서 신인상을 받고 문단에 입문하게 된 것이다. 그로 인하여 나와 샘물 김명수와의 인연은 한층 더 돈독하게 되었다.

요즘 우리는 한국예술총연합회 산하에서 함께 활동하고 있다. 샘물은 국악협회 부안지부장을, 나는 부안문인협회 부지부장을 맡고 있으므로 한 지붕 아래서 활동하는 특별한 인연이라 할 수 있다.

샘물은 남다른 사고력思考力과 고매高邁한 인품, 돈후敦厚한 기품氣稟으로 동료 간에 귀감이 되는 친구이다. 그는 모든 면에 적극적이며 자신감과 당당함을 잃지 않으면서도 정이 있는 신사이다.

그의 모범적인 생활과 봉사활동의 이력 수없이 많다. 그는 나에게만이 아니라 그와 인연을 맺을 수 있는 많은 사람들에게 덕을 베풀며 살아왔다.

그는 젊은 시절에 4H 활동을 시작으로 왕성한 농촌운동을 했다. 흥사단 아카데미를 창립하여 지역사회 개발에 기여하기도 했다. 또 부안군의회 초대 의장으로서 큰 몫을 했으며 철저한 현실주의자이면서도 전통문화생활을 즐긴다. 단정한 한복 차림으로 의정단상에 앉아 있는 그의 모습은 참으로 믿음직스러웠다.

또한 한글자랑 운동가로서 독특한 글씨체를 계발啓發하여 서예가로서 국내는 물론 세계 여러 나라에서 전시회를 갖기도 했다. 교회 장로로서 독실한 기독교 신자이기도 하다. 그 외에도 많은 중책을 맡아 활동하기도 하였다.

그의 그러한 삶에 경의와 찬사를 보내며 앞으로 더 많은 영광이 있기를 기원한다. 또한 우리가 맺은 여러 가지 인연과 죽마고우의 끈끈한 우정을 끊임없이 이어가리라 기대한다.

(2007. 3. 2.)

술 이야기

나는 술을 좋아한다. 아주 좋아한다. 1년 동안 술을 마시지 않은 날이 거의 없을 정도다. 약 50년 동안 내가 마신 술을 모았다면 소류지小溜池 하나를 채울 만큼은 될 듯싶다.

지루한 장마가 끝날 무렵 어느 날 오후, 고향친구로부터 전화를 받았다. 오랜만이니 술이나 한 잔 하자는 것이었다. '고향 술맛'이란 그 술집은 벌써 손님들이 초만원이었다.

부어라 마셔라, 주거니 받거니 마신 술은 벌써 취흥이 도도하게 올랐다. 정이 많은 고향친구와 '고향 술맛'이란 술집에서 나누는 술맛과 분위기는 더욱 정겨웠다. 고향에서 있었던 옛이야기와 세상 돌아가는 이야기 등으로 시간가는 줄 모르고 마셨다.

옆자리에는 산업현장에서 근무하는 사람들인 듯 상사의 횡포를 토로하며 언성이 높았고, 또 옆엔 연인끼리 정담을 나누며 번갈아 서로 안주를 입에 넣어준다. 마냥 행복한 표정들이다. 취흥이 도도한 그들은 옆자리의 손님은 아랑곳하지 않고 마냥 즐겼다. 친구와 나는 우리도 언제 저런 시절이 있었던가 하며 웃었다. 각양각색의 손님들이 술을 마시며 회포를 풀기에는 더 없이 좋은 장소였다.

술은 기쁠 때나 슬플 때나 마신다. 국민적 관심이 큰 운동경기가 있을 때 술의 매상이 많이 오른다니 그것만 봐도 알 수가 있다. 예로부터 술 없는 잔치는 없다고 했다. 집도 절도 없는 거지도 술에 취하면 억만장자가 되고 황제를 부러워하지 않는다. 온 세상이 내 손안에 있다는 착각을 하는 것 같다. 사람이 술을 다스리면 약이 되지만 술에 빠지면 독이 된다.

술은 마음을 들뜨게 하고 정신의 혼돈을 부추기는 존재다. 술은 인간의 한계를 초월하고 자유와 비상飛翔을 꿈꾸는 허상에 날개를 달아준다. 사람을 취하게 하는 에틸알코올 성분이 자유롭게 나는 휘발성과 연관이 있는 듯싶다. 그러기에 일찍이 공자는 술을 아무리 많이 마셔도 난亂에 빠져서는 안 된다고 하지 않았던가!

내가 술을 처음 마시기 시작한 것은 어릴 적 어머니를 따라 외가에 갔을 때부터다. 외가에 큰 잔치가 있었는데 어른들이 귀엽게 생겼다고 하면서 나의 술 취한 모습을 보려고 한 잔 한 잔 먹였던 것이다. 그때부터 나는 술을 마시게 된 것 같다.

우리 집은 선비의 집안으로 아버지 형제분들과 우리 형제, 그리고 내 아들 등 모두 3대에 걸쳐 애주를 하는 편이다. 아버님은 술이 취하면 빙그레 웃으시며 애정 표현과 더불어 음주에 대한 교훈을 주셨다.

술은 예를 지키면서 즐겨야 한다. 잘못 마시면 어른과 아이를 구분치 못한다. 예부터 술은 어른 앞에서 배워야 한다는 교훈을 주셨다. 내가 술을 마시고 술로 인한 실수를 하는 것은 부모님의 교훈을 어긴 것이며 주도를 지킨 것은 교훈을 따른 것으로 여겨진다.

수많은 시인 묵객 중에 술로 인해 인생의 빛과 어둠을 함께 한 사람이 적지 않다.

먼저 술을 이야기하자면 달을 노래한 시가詩歌 속의 주인공 이백李白을 떠올려본다. 술에 취해 강물 속의 달을 잡으려다 익사했다는 주태백으로 더 잘 알려진 시인. 대나무 지팡이 하나를 손에 들고 시를 뿌리며 조선팔도를 유람한 김삿갓. 죽음과 우주의 근원에 대해 치열하게 갈등하면서도 주옥같이 아름다운 시를 남기고 떠난 시인 천상병. 이 분들이야말로 문학과 술과 밀접한 관계가 있는 분으로 널리 알려지지 않았던가?

술은 모든 사람들을 편안하고 평등하게 해주는 것인지도 모른다. 마시면 취하는 것은 술의 종류와는 아무 관련이 없다. 돈이 넉넉해서 양주를 마시고 취한 사람이나, 소주를 마시고 취한 사람이나 끝맺음은 언제나 똑같다.

"우리 한 잔 더 할까?"

오늘도 해질녘이면 한 잔 술에 하루의 피곤을 푸는 사람들이 많을 것이다. 그 한 잔의 술이 기분 좋은 사람들만을 만들어낼 수 있는 마력의 액체였으면 좋겠다. 서민들의 애환을 달래줄 수 있는 따뜻한 기운을 가진 마력의 액체였으면 더욱 좋겠다.

지난 번 고향 친구가 나를 '고향 술맛'으로 초청하여 마셨으니 내일은 내가 그 친구를 그 '고향 술맛'으로 초대하여 술잔을 주거니 받거니 하며 다시 한 번 술에 흠뻑 젖어 보고 싶다.

인간과 바다

바다는 항상 자연스럽고 평화스러우며 정겹다. 또한 포근하고 아름답다. 바다를 동경하는 것은 인간 본연의 마음에서 시작되는 것 같다.

본래 바다에서 생명이 태어나고 강변이나 바닷가가 인류문명의 발상지요 삶의 근원지였다. 바다의 서정과 풍상, 사철 다른 모습으로 다가오는 바다를 싫어하는 사람이 있으랴?

하지만 바다는 "삶의 터전" 풍부한 자원의 산실로서 개척 발굴되어야 하는 자원의 보고寶庫다.

나는 몇 년 전 봄에 위도에 간 적이 있다. 밤 부두에 나와 사방을 바라보니 크고 작은 수많은 배들이 고기를 잡느라 불을 켜고 생존경쟁을 벌이고 있었다. 정말 생을 위한 뜨거운 삶터였다.

예부터 서해바다는 조, 새, 민(조기, 새우, 민어)어장이라고 하였다. 바다는 어업에 생계를 건 어부들에게는 정말 소중한 생활의 터전이다.

여름바다는 남녀노소 할것없이 한철을 바다에서 보내야 할 만큼 생업과 피서가 공존하는 곳이다. 삼복절이 되면 언제나 그랬듯이 도심을 끼고 있는 송도, 해운대, 대천, 변산, 경포대, 검은 모래로 유명한 만성리, 남해 등 전국 유명 해수욕장은 올해 역시 만원을 이룰 것이다. 낭만을 구가謳歌하는 모든 이에게는 더 없이 좋은 계절이다.

여름 내내 벗어둔 삶의 껍데기들을 모래 위에서 걷어내면 그 속에서 태풍에 찢긴 어부들의 모습이 비친다. 고기잡이 나간 가장들을 쓸어간 폭풍이 오늘도 조그마한 동네 집집마다 한 날 한 시에 제사를 모시게 만들었다. 삶의 터전인 바다가 보여준 이중적 모습이다. 작열하는 태양, 하얀 포말로 부서지는 파도, 갖가지 사연을 새긴 모래알, 그리고 푸른 하늘 역시 여름바다는 아름답고 그리운 곳이다.

여름바다는 젊고 싱싱하지만 가을바다에는 단풍이 있고, 맑은 물과 밝은 해님 그리고 우수어린 섬이 있어 좋다. 바다를 에워싼 금빛 모래가 있듯, 가을바다는 바위섬의 단풍을 동반한다.

바다 속까지 물든 가을은 환희와 오색 물빛이 투명하게 채색된 물단풍의 절경을 이룬다. 가을바다는 속으로 익어간다.

여름의 싱싱한 낭만과 가을 오색 단풍의 절경은 부지런한 어부들뿐만 아니라 바다와 생업을 같이한 사람들마저도 이 가을을 수확의 바다로 여긴다.

그렇게 풍요로운 바다에서 거친 파도와 찬바람이 몰아치는 겨울 바다. 텅 빈 바다를 향해 빈 마음으로 훌쩍 떠나 보자. 아무도 없는 겨울바다! 거기에는 삶의 역사가 있고 생의 사색이 있다.

그러나 바다에 항상 낭만과 평온만이 있는 것은 아니다. 당신들은 잊었는가? 어제처럼 생생한 그 슬픈 기억을! 1993. 10. 10. 10시에 정기여객선 "뉴훼리호"가 천혜의 자연을 간직한 고슴도치 섬 위도를 떠나 육지로 향하여 가던 도중 바다 한가운데서 완전 침몰되지 않았던가? 292명의 인명은 삽시간에 돌아오지 못할 운명이 되지 않았던가? 그때 그 일을 생각하면 정말 통한의 한숨이 절로 나온다. 그뿐인가? 그 동안 동서남해에서 조업하던 선박들의 수없이 크고 작은 침몰사고로 귀중한 인명이 희생된 일들이 주마등처럼 떠오른다.

정유재란 때(1597. 9. 16) "명량대첩지" 충무공 이순신 장군은 우리 배 12척으로 울돌목 바다의 급류를 이용하여 왜선 330척을 격파하고 승전고를 울린 곳도 바다이다. 그 전황은 세계 해전사상 유래를 찾아볼 수 없는 대승전으로 알려졌다. 이 때문에 임진왜란 7년 전쟁을 종식시킨 결정적인 계기를 마련한 곳으로 당시 최후의 교두보였던 "울돌목" 바다의 급물살, 천추만대 역사에 남을 것이다. 정말 은혜스러운 바다다.

우리가 가끔 사용하는 고사성어로 해불양수海不讓水란 말이 있다. 바다는 물을 사양하지 않으며 넓게 포용한다는 뜻이다.

사람들은 흔히 아름다운 여자를 "꽃 같은 여자"라고 말하고 도량이 넓고 심성을 곱게 쓰며 참을성이 많은 사람을 "마음씀이 바다 같다."고 말한다.

인간은 바다와 뗄 수 없는 인연을 갖고 있다. 그뿐이랴. 바다를 이용한 문명의 이기로 정기여객선, 어선, 전투함대, 화물선, 관광 유람선 등 수없이 많은 해운방법이 있다. 바다는 우리 인간에겐 값싸고 유익한 운송수단이기도 하다.

장마철 홍수 때 범람하는 물을 어떻게 감당할 것인가? 이 세상의 물 전체 95%가 바닷물이라고 한다. 수위의 조절은 당연히 바다의 몫이다. 만약 바다가 없다면 육지는 바다로 변했을 것이다. 인간은 존재하지도 못했을 것이다. 홍수의 조절, 어업, 수산자원의 개발 등 모두 바다의 몫이다. 항상 바다에 감사하고 바다의 고마움을 잊어서는 아니 될 것이다.

섬사람들은 뭍에 나와 살면서도 때때로 바다를 찾는다. 바다는 이제 우리 삶의 터전이다. 바다는 그냥 동경의 대상일 뿐 아니라 우리들의 생업이 거기에 있기에 우리네 삶의 영역으로 가꾸어 나가야 할 것이다.

(2002. 10. 20.)

명산은 인걸을 낳고

나는 변산산우회 회원이다. 자연이 좋아 자연에 묻혀 살기를 즐기는 사람들이 한 달에 한 차례 전국 명산대찰을 찾는 모임이다. 지난 해 8월 15일 회원들과 함께 지리산 남동쪽 줄기에 자리한 경남 산청군 관내 대원사 계곡을 찾았다. 아침 8시에 전주를 출발한 관광버스가 남원을 거쳐 지리산 산자락을 감돌아 대원사 계곡 입구에 도착한 것은 한낮이 가까운 11시경이었다.

지리산은 명산 중 명산이다. 장장 45Km의 능선을 가지고 있으며, 높은 봉우리만 해도 20개가 넘고, 크고 작은 봉우리는 1,400개에 이른다. 봄에는 바래봉 철쭉이 있고, 만추는 정령치 억새풀이 있다. 사철 천왕일출 · 반야낙조 등 7경이 있으며, 칠선계곡과 뱀사골계곡을 비롯한 많은 계곡과 불일폭포 · 구룡폭포 · 무지개폭포 같은 유명한 폭포와 뱀소, 용소, 쟁기소 등 7개의 큰 소,

이런 명물들이 우리를 부르고 있다.

예부터 명산에는 대찰이 있고, 걸출한 인물들이 난다는 말처럼 지리산 정기가 이곳에만 모였는지 역대의 출중한 인물이 연이어 배출된 고장이다. 만인이 다 아는 고려 말 문익점 선생도 이곳 산청 태생이다. 선생은 1360년 문과에 급제한 3년 후 서장관으로 있을 때, 사신으로 원나라에 간 일이 있었다. 돌아오는 길에 목화씨를 붓 대롱 속에 은밀히 갖고 와, 그 목화씨로 겨레의 의류 문화사에 큰 획을 그었으며, 산청은 섬유문화의 발상지가 되어, 목화를 군화郡花로 지정한 곳이다.

조선 중기의 대학자 조식曺植 선생도 이곳 태생이다. 실천 성리학의 대가로 추앙받고 있는 조식 선생은 이곳 시천면에 산천재山天齋를 짓고 나라의 동량을 길러냈다. 실학자 5명과 유학자 100여 명을 배출한 대교육자이다.

그런가 하면 불교계의 거성 성철 스님이 태어난 곳도 이곳이다. 해인사 초대 방장을 지내고 조계종 종정을 지낸 성철 스님은 8년 동안 눕지 않고 앉은 채 수행修行했으며, 우리나라 모든 종교를 대표했던 세계적 종교인으로 추앙받았던 큰스님이다. 지금 해인사에서는 성철 스님을 길이 잊지 않기 위해 성보 박물관을 짓고 있다.

그리고 ≪동의보감≫을 지은 허준 또한 양천에서 태어나 이곳에서 의술을 연마하기도 했다. 우리나라 100위 위인 중에 들어간 허준 선생은 의료계뿐만 아니고 우리나라의 명인이다. 훌륭한 가정에서 태어났지만 가정의 불운 때문에 천민으로 전락되고, 불리한 운명 속에서 그의 스승 유의태를 만나 대성했으며, 천부적 재

능과 정직, 성실로써 사상 최고의 명의로 추앙받고 있다.

그의 스승 유의태도 이곳 산청군 신안면 태생이다. 유의태 또한 우리 한의학의 선구자로서 당대 최고의 명의로 그의 의술을 따를 자가 없었다고 한다. 그러나 시리時利를 타고나지 못해, 넓은 세상에서 많은 사람들에게 의술의 혜택을 나눠주고자 했지만 뜻을 펴지 못하고 좁은 곳 산청에서 희생적으로 서민을 상대로 인술仁術을 나누며 살았다. 이렇게 위대한 인물들이 쏟아져나온 곳이 산청군이다.

대원사 입구에 설치한 조형물은 다른 곳에서 볼 수 없는 빨간색으로 '아트 지리산 빨치산' 이렇게 새겨져 있다. 이것은 여러 차례의 토벌작전으로 많은 양민이 희생됐다는 표상이라 짐작된다. 이곳에서 총소리가 난 1948년부터 1963년까지 장장 15년간 2만 명에 이르는 빨치산이 사살되고, 양민 대학살사건으로 폐허가 된 이곳은 50년이 지난 지금도 기억이 새롭다.

아트 조형물을 지나 대원사를 향하여 걸었다. 지리산 천왕봉에서 발원한 계류가 대원사 앞을 흐르고, 물소리는 이 깊은 산의 정적을 깨고 있다. 기암괴석을 감도는 계류는 대원사의 주위 환경에 잘 어울린다.

548년 연기조사가 창건하여 평원사平原寺라 불렀는데 곧 폐사가 되고 1,100여 년이 지난 1685년 운권대사가 평원사 옛 절터에 사찰을 세우고 대원사라 불렀다고 한다. 조계종 제12교구 해인사에 속하고 있는데 우리나라 대표적인 비구니 참선 도량이다. 명산 줄기에서 많은 인걸이 배출됨은 자연환경이 주는 품성과 덕성의 영향 탓이리라.

주지승을 찾았더니 뜻밖에도 30대 중반 미모의 여승이 다정히 맞아준다. 비를 흠뻑 맞으면서도 안으로 들어가지 않는 우리의 예절을 보고 감탄했는지, 반겨주며 그도 비를 맞으면서 직접 안내해줬다. 대웅전 봉불상루 산왕각 다층 석탑을 샅샅이 구경했다. 귀찮게 생각하지 않고 친절히 안내하는 여승의 성실한 태도에 이곳의 절경만큼이나 아름다운 마음씨를 가진 여승임을 실감했다.

대원사 계곡의 환상적인 비경을 더욱 빛내주려는 듯 골짜기마다 뿌연 안개로 목욕한 생기 넘치는 산세들이 우리들의 발길을 자꾸만 멈추게 했다.

(2003. 5. 23.)

다시 3 · 1절을 맞으며

이른 아침 태극기를 내걸고 펄럭이는 국기를 보며 3 · 1절 그날의 뜻 깊은 의미를 되새겨보았다. 날씨도 쾌청했다.

동네 초등학생 대여섯 명이 골목길에 모여 구슬치기를 하며 놀고 있었다.

"너희들 오늘이 무슨 날인 줄 아니?"

고개를 저었다. 그냥 공휴일이니까 학교를 쉬는 것이라 생각한 모양이다.

"그럼 1년에 몇 번이나 태극기를 게양하는지 아니?"
하고 물었다. 역시 모른다는 것이었다.

나는 자연스럽게 설명해주었다.

"우리의 태극기는 나라의 표상이요, 겨레의 얼이 담긴 얼굴이다. 나라의 권위와 존엄성을 표시하는 상징으로 그 나라의 전통과 이상을 모양과 색깔로 나타낸 것이다. 나라와 민족을 사랑하는 표지이며 국민과 함께 흥하고 망하는 현상을 나타내는 것이다."

라고. 특히 3 · 1절은 국기를 게양해야하며 1년에 여덟 번은 필히 태극기를 달아야 한다고 힘주어 말했다.

올해로 3 · 1 독립운동 86돌을 맞았다. 또한 광복 60주년이자 남과 북이 분단된 지 60년을 맞는 해다. 올해의 3 · 1절은 그날의 함성을 가슴에 새기며 다시 한 번 목놓아 울고 싶다.

우리는 예로부터 60세가 되면 환갑잔치를 벌이고 축하하는 풍습이 있어 왔다. 하지만 우리의 역사는 그렇지 못하여 아쉽기 그지없다. 남북의 분단은 60년이 지났건만 아직까지도 통일을 이루지 못한 통한의 한숨을 간직하고 있다.

기미년 3월 선조들이 터뜨린 독립운동의 열기는 마침내 1945년 우리 겨레에게 광복의 기쁨을 안겨주지 않았던가! 그러나 우리는 국토와 민족의 분단이라는 비극을 맞게 되었다. 일제 식민지 36년, 분단 60년! 긴긴 세월 동안 우리는 통일된 나라를 갖지 못하고 살아왔다. 이런 우리의 슬픈 역사가 한 세기를 넘기지 않도록 다같이 힘을 모아야겠다. 3 · 1운동에서 비롯된 민족의 대행진이 민족통일로 마감될 수 있는 역사적 계기가 되기를 바라는 마음 간절하다.

우리 겨레가 일제日帝의 지배를 받던 수난의 시대에 3 · 1운동은 겨레의 저항이자 투쟁이었다. 이는 인류 자유운동 사상 찬연히 빛나는 역사적인 거사라 할 수 있다. 그날은 일제의 민족 말살정책에 굴복하지 않고 주권을 되찾고 제국주의를 분쇄하여 독립을 하겠다는 결의에 찬 쾌거였다. 해마다 맞게 되는 3·1절이면 호화스러운 행사보다도 진정 그날의 의미를 다시 한 번 되새겨야 하리라.

나는 서울에 가면 독립의 역사가 서린 탑골공원을 가끔 찾는다. 3·1문에 들어서면 으레 정면의 3·1운동 기념탑과 마주치게 된다. 기미년 3월 1일 당시 손병희 선생을 비롯하여 민족대표 33인이 독립만세를 부르던 역사의 현장이다.

몇 년 전에도 우리 부부는 탑골공원을 찾았다. 노인과 시민우대라는 미명 아래 입장료를 받지 않는 탓인지 걸인행각을 하는 사람들이 많이 눈에 띄었다. 또 탑골공원 안에는 비둘기들이 너무 많고 아무데나 배설을 하여 불결하기까지 했다.

일제 압박에 한 맺힌 우리는 기미년 3월 1일 정오, 대한독립만세를 외쳤던 선열들의 숭고한 독립정신을 본받아야 한다. 또한 선열들이 물려준 위대한 3·1정신을 이 시대가 진정 필요로 하는 민족정신으로 승화시켜 찬란한 역사를 후손들에게 물려주어야겠다.

(2005. 3.)

지평선축제에 다녀와서

가을이다. 들녘이 온통 황금빛으로 물들어 있는 가을이다. 하늘은 맑고 높푸른 전형적인 가을 날씨다. 우리 가족은 지평선 축제를 찾아 나섰다. 그날따라 날씨도 쾌청한 걸 보니 하늘과 땅이 맞닿는 김제에서 열리는 지평선축제를 하느님도 축복해 주는 듯싶었다.

행사장이 가까워지자 차들이 밀려 거북이걸음을 하고 있었다. 길 양편에서는 코스모스가 손을 흔들며 반겨주고 있었다. 축제장 입구에 들어서니 어디서 그렇게 많은 사람들이 모여들었는지 인산인해란 말이 적절한 표현인 듯싶었다.

"벼고을에 깃든 농경문화! 활기차고 신명나는 지평선의 미래!"라는 슬로건을 내걸고 펼쳐진 제8회 김제지평선축제는 볼거리와 즐길 거리가 많았다. 79개 프로그램에 50여 개 상설체험장을 운영하여 백여만 명의 관광객이 찾았다고 한다.

이 가을에는 전주세계소리축제, 군산의 국제자동차엑스포, 전주약령시축제, 익산서동축제 등 각 지역별로 수없이 많은 축제가 열린다. 그 중에서도 가장 뜻 깊은 축제가 바로 김제벽골제金堤碧骨堤에서 펼쳐진 지평선축제다.

전국 유일의 비경인 드넓은 지평선을 테마로 개최하는 지평선축제는 농촌문화와 관련된 갖가지 체험거리와 먹을거리들이 즐비했다. 풍요로운 가을에 황금들녘을 찾는 관광객들의 발길을 붙잡기에 충분했다. 벽골제광장의 상공에 떠있는 오색 애드벌룬이 장관이었다. 공원에는 허수아비들이 각양각색의 옷차림으로 패션쇼를 하고 있었다. 신사복 차림 · 양장 차림 · 청바지 차림 등으로 관광객들의 눈길을 끌었다. 그 옆에는 농악단이 농자천하지대본이란 깃발 앞에서 흥을 돋웠다. 그 허수아비들도 덩달아 가을바람에 맞춰 춤을 추는 것 같았다. 옛날 고향의 허수아비가 떠올랐다. 남루한 옷차림에 망가진 밀짚모자를 쓰고 참새를 쫓던 그런 모습은 아니었다. 시대의 변천에 따라 허수아비도 고급 패션을 뽐내고 있었다.

옛날 농경문화가 발달되기 전에 쓰던 농기구로 무자위 · 맞두레 · 용두레 · 써레 · 가래 등 수많은 옛 농기구가 체험할 수 있도록 전시되어 있었다. 젊은 세대나 어린이들이 체험하기에 좋은 현장이다. 특히 금번 행사는 외국인이 많이 참가했는데 고개를 끄덕이는 사람, 머리를 가로저으며 의아해 하는 사람들을 볼 수 있었다.

우리나라 최대의 곡창지대에서 파생된 조상들의 농경문화와 역사적 가치를 재조명하는 장이다. 또한 농경역사문화축제로 자리매김하고 있는 현장이다.

나는 '우리 문화유산 사랑회'의 일원으로 우리나라 5대 옛 저수지를 탐방한 적이 있다. 벽골제를 비롯하여 제천의 의림지義林池, 밀양의 수산제守山堤, 상주의 공검지(공갈못 · 恭檢池), 의성의 대제지大堤池 등이다. 그런데 4곳은 이미 원형을 찾아볼 수 없고 팻말만 남아 있었다.

벽골제는 우리나라 최고 최대의 저수지다. 백제 비류왕 27년(서기330년)에 축조된 국가적인 토목사업으로서 당시 최고도로 발달된 공법이라 할 수 있다. 축조 당시 32만여 명이 동원되어 제수문提水門 5개를 축조했었는데 그 중 장생거와 경장거 2개의 수문만 남아 있다.

나는 농촌에서 태어나 농업학교를 나와 처음 취업한 곳이 지금의 한국농촌공사였다. 당시에는 농지개량조합이라 불리었다. 그러므로 누구보다도 이곳 지평선축제와는 인연이 깊다. 1970년대에는 교통수단이라야 고작 자전거를 타고 농용수 관개배수灌漑排水를 관리하는 업무가 주업무였다.

그때는 수리시설이 개선되었지만 요즘같이 원활하지는 못했었다. 지금은 얼마나 시설이 잘 되었는지 기계화농법과 고도의 기술로 단위수확량이 월등하게 높아졌다.

농경문화의 발달과 변천에 따라 그 기구의 명칭도 많이 바뀌었다. 처음 창립할 때는 수리조합 · 토지개량조합 · 농지개량조합 · 농업기반공사 · 한국농어촌공사 등으로 무려 5번이나 바뀌었다. 한국농어촌공사 산하 105개 지사 중 동진지사는 몽리면적이 4만3

천ha로 전국 최고의 규모다. 뒤를 이어 당진 · 익산 · 평택 · 영암 등의 순위다. 예나 지금이나 우리 고장은 농경문화의 발상지다. 최다 벼 수확의 본산지이며, 최고의 쌀 품질을 자랑할 만한 땅은 바로 김제평야다.

요즘 우리네 농촌의 경기는 어둡다. 따라서 이러한 농민의 마음을 위로하고 농민에게 희망을 심어주는 지평선축제가 되기를 기대한다. 낙조에 반사된 황금들녘은 농민의 마음과는 달리 몹시도 풍요롭고 찬란하여 눈이 부시다.

(2006. 10.)

주례 445쌍

예부터 결혼은 인륜의 대사라고 했다. 남녀가 만나 혼례를 올리는 일은 너무도 소중한 행사이기 때문에 그런 것이다. 많고 많은 일 중에 한 사람의 일생에서 중대한 결정을 하고 그것을 만인 앞에서 서약으로 보여주는 커다란 사회적 약속이기에 더욱 중요한 의미를 지닌다.

내가 주례를 맡기 시작한 지도 어느덧 10여 년이 지났다. 해마다 몇십 쌍씩 서다보니 어느새 445쌍의 신랑신부 명단이 나의 주례일지에 빼곡히 적혀 있다. 주례의 입장에서는 마음에 걸리는 것들이 없어야 떳떳할 것이며, 혼주측에서는 비교적 흠이 덜 보이는 사람에게 주례를 맡겨야 적합하다고 여길 것이다.

나는 주례를 설 때마다 내가 과연 흠결이 없는지 돌아보곤 한다. 정말 날이 가고 주례 횟수가 늘어갈수록 더 조심스럽고 긴장

된다. 평생에 한 번 치르는 인륜지대사인데 많은 하객들 앞에서 신랑신부를 세워 놓고 행여 말 한 마디라도 실수를 한다면 집례자로서 자격상실이 될 것이기 때문이다.

사람은 출생의 신비에서 시작하여 다양한 인연에 따라 배우자를 만난다. 결혼은 성숙한 어른의 삶으로 살아가는 첫 관문이라는 의미를 갖는다. 그렇기 때문에 할 수만 있다면 결혼은 최대한 성스럽고 아름답게 이루어졌으면 하는 것이 나의 소망이다. 또한 혼인은 경건하게 치러져야 한다.

성스러운 결혼 주례의 청을 맨 처음 받고 고심 끝에 자문을 받으러 친지 한 분을 찾아갔다. 그 분은 인생 선배임은 물론 집안 어른이자 주례를 수백 쌍을 섰던 분이었다. 공직에서 퇴직한 뒤 전주종문회 회장高炯植직을 역임하였으며 평소 일거일동이 사회의 귀감이 될 만한 분으로서 사회적 지위가 있고 존경과 선망의 대상이 되는 분이었다.

그 선배는 이런 교훈을 주셨다. 아들을 낳지 못한 자, 아들을 잃은 자, 상처한 자, 부모에게 불순불효한 자, 형제 간에 우애심이 없는 자, 친척 간에 화목하지 못한 자, 사회에서 지탄의 대상이 되는 자가 주례를 맡아서는 안 된다고 하셨다. 그러면서 나는 그 항목에 해당되지 않으므로 주례로서 적격이라며 적극 권하셨다. 그 분은 마치 주례 자격 규정을 제정했거나 주례 자격을 심사하는 분처럼 힘주어 말씀하셨다.

아직도 우리 주변에는 남아선호사상이 남아 있다. 속된 말로 아들을 낳은 사람이 주례를 서면 따라서 아들을 낳고, 딸만 낳은 주례를 세우면 신랑신부도 딸을 낳는다는 이야기가 있다. 마침

나는 4남 1녀를 두었다. 그래서 그런지 주례의 청이 많다.

내가 처음 주례를 선 것은 고씨 전주종문회 회장을 몇 번 연임할 때부터였다. 과연 내가 가장 성스러운 결혼이라는 대사를 집례할 자격이 있는지 스스로 성찰의 시간을 갖기도 한다. 이런 기회가 주어진 것은 아마도 내 자신의 삶에 대한 중간 점검을 하라는 것인지도 모르겠다.

“살아가면서 내가 죄를 짓지 않게 하소서!”

나는 날마다 이렇게 기도를 하곤 한다. 가족과는 얼마나 돈독하고 화목한지 늘 되돌아본다. 가장 가까운 아내와 아이들에게 나는 어떤 모습으로 비쳐지는가, 혹 알게 모르게 그들에게 상처를 입힌 적은 없는지 되돌아본다. 친척들에게 섭섭하게 한 일은 없는지 주변을 살펴보기도 한다. 직장에서는 반듯하게 일을 했는지 옷깃을 여미며 돌아보게 된다. 진실로 나의 참회와 성찰은 끝도 없이 묵상默想으로 이어진다. 그러면서 새로운 가정을 꾸리고자 하는 신랑신부를 위하여 기원을 한다.

사람의 삶이란 것이 좋은 날, 기쁜 날도 있지만 때로는 비바람 치고 폭풍이 이는 날도 있다는 것을 알아야 한다.

신랑신부만 목욕단장을 하는 것은 아니다. 주례의 청을 받으면 그 날로부터 신경을 아니 쓸 수가 없다. 두발, 의상, 신발, 어떤 모습으로 단장하고 단상에 올라야 많은 하객으로부터 인정을 받을 것인지 온 정성을 기울인다. 주례사는 어떻게 해야 신랑신부의 평생 행로에 귀감이 될 것인가, 부담이 가는 부분이다. 말의 깊이, 폭, 그리고 용어의 난이도를 어느 정도로 잡아야 그 날의 주인공에게 맞을 것인지 연구하기도 한다.

무릇 사람들이 대중 앞에서 하는 말은 되도록 한자어를 많이 섞어서 소리 높여 외쳐야만 말의 무게가 더한 것으로 알기도 한다. 그러나 그런 연설조의 말투는 지식을 과시하는 것처럼 보일 수도 있기 때문에 나는 대화체로 주례사를 시작한다.

"오늘따라 날씨도 쾌청한 걸 보니 하느님도 역시 오늘 신랑신부의 새 출발을 축복하는 듯싶습니다."

이렇게 서두를 연다. 당부말로는 부모님께 성심을 다하여 효도할 것이며, 동기간에는 믿음, 의리, 화목, 사회봉사를 강조하고, 부부간에는 서로 인격을 존중하며, 사랑은 사회적 지위나 명예나 부귀보다도 더 강하게 등등 이해하기 쉬운 말로 주례사를 이어간다.

내가 결혼할 때는 신부 집이 우리 집에서 약 30리 정도 거리에 있었다. 신랑인 나는 말을 타고 갔으며 우인대표 10여 명은 트럭을 타고 갔었다. 혼례는 전통적 혼례의식으로 치렀다. 혼인 때 촬영한 나의 결혼사진은 비록 흑백사진이지만 지금도 내 사진첩에 넣어두고 있다.

주례를 많이 서다보니 별의별 일을 보게 된다.

재작년 가을 한창 주례사를 하는 도중 신부가 목을 놓아 울고 있었다. 흐느끼며 눈물을 감당하지 못하는 것이었다. 식이 끝난 뒤 들은 말이다. 무남독녀인데다가 양친부모가 일찍 돌아가셔서 숙부 집에서 노동을 하며 살았기에 숙부모가 혼주를 맡게 됐었다. 부모에게 효도하라는 주례사에 감동되어 그렇게 서러움이 복받쳤다는 것이다.

주례를 서다 보니 그 때마다 신랑신부가 다른 점이 많았다. 키가 2m 정도 되는 신랑에 신부는 키가 아주 작은 사람, 주례의 나이 정도 되는 사람, 신부의 키가 신랑보다 훨씬 큰 사람, 3쌍이 합동결혼식을 올리는 사람 등 여러 유형이 있었다. 결혼식장도 전주를 비롯하여 서울, 부산, 인천, 광주, 용인, 의정부, 시흥 등 전국 각지에서 주례를 서기도 했다. 신랑신부의 국적도 다양했다. 한국을 비롯하여 중국, 일본, 태국, 베트남, 필리핀, 우즈베키스탄 등이며, 얼굴빛도 흰색, 황색, 흑색 등 다양했다.

국적이나 인물, 키가 크고 작음은 아무런 상관이 없다. 남녀가 결혼하여 가정을 이룬다는 그 자체가 사회 구성의 첫 단위가 되는 것이며, 부부로서의 활동은 곧 사회와 국가의 발전에 이바지하게 되는 것이기에 결혼은 인생에 있어 매우 중요한 일이다.

내가 주례를 서서 새로운 가정을 꾸린 신랑신부 445쌍에게 늘 축복이 함께 하기를 빌고 또 빈다.

(2008. 7. 6.)

두 명의 여선생

사람의 인연은 묘하다.

나는 두 명의 여선생과 친교를 맺고 지낸 지 벌써 15개 성상이 넘을 듯싶다. 키가 큰 여선생은 매월 두 번째 수요일이면 만나기로 약속돼 있다. 젊은 여선생은 같은 마을에 살기 때문에 동네를 한 바퀴 돌면 만날 수 있고, 어떤 때는 거리에서 또는 우연히 하루에 몇 번씩 만날 때도 있다.

매달 둘째 수요일은 기다려지는 날이다. 그날은 우리나라 전 지역을 무대로 문화유적을 탐방하고 연구토론을 하는 날이기 때문이다. 정말 뜻 깊은 날이다.

그 동안 우리나라는 가난하게 살았던 나라였다. 요즘 들어 잘 살게 되고 문화가 고도로 발전했다. 따라서 여행문화도 새롭게 바뀌었다. 여행이 감성의 과소비가 아니라 삶의 에너지를 충전하는 계기로 삼게 되었다.

요즘 시대적 흐름처럼 문화유산답사여행에 대한 관심이 커지고 있다. 삼천리금수강산 아름다운 우리 땅과 우리의 문화유산을 찾아 떠나는 여행길은 꿈과 희망으로 가슴이 부풀어 오른다. 더구나 그 여선생과 동반하는 고적답사여행은 피로도 잊은 채 즐겁기만 한 여행이다.

그 여선생과 처음 만난 것은 내가 2007년 6월 직장에서 퇴임한 뒤 친구의 추천으로 '우리문화유산사랑회'란 문화유산탐사 단체에 가입한 뒤부터였다.

키가 큰 여선생은 황해도 송화군 출생으로 지금은 전주시 효자동에 살고 있다. 나보다 먼저 그 단체에 가입하여 활동하고 있었다. 처음 만났을 때는 서먹했지만 한 달에 한 번씩 만나 인사도 나누고 답사에 얽힌 이야기를 나누는 등 친화력이 있을 뿐더러 나에게 친절히 대해주니 나 역시 소록소록 정이 들었다. 10년이 넘도록 같은 단체에서 활동하면서 점심때는 반주에 곁들여 주고받는 대화는 우리를 더욱 가깝게 해 주었다.

정말 이 단체에 동참하게 된 것은 아름다운 선택이었다. 거기에서 여선생과의 만남은 답사 여행 중 가장 큰 소득이며 유일한 즐거움이다. 그 여선생은 군산사범학교를 나와 40여 년 동안 교직에서 교장으로 정년하신 분이다. 성품이 온후하고 긍정적인 성격으로 성실하며 정감이 있는 분이라 내 성격과 비슷하여 쉽게 친숙하게 되었다.

젊은 여선생은 전북 진안군 출생으로 지금은 전주시 인후동1가에 살고 있다. 우리 동네에서 15년 동안 살고 있으므로 더욱더 친숙한 처지다. 40대의 젊은 학원 강사로 활동하고 있다. 어찌나 성실하고 부지런한지 하는 일도 많다.

봉사정신이 투철하여 한때는 우리 동네 인후동 1가 2통 통장 일을 맡아 보기도 했었다. 통장은 기반행정업무를 담당하므로 인구조사, 적십자회비 징수, 쓰레기 종량제, 재개발사업 업무 등 마을에서 일어나는 모든 일을 관여한다고 했다. 무슨 일이 생길 때마다 우리 집에 찾아와서 친절히 알려주며 협조를 요청했다. 그 여통장님의 성실하고 친절한 행동에 감화하여 그 지역 주민으로서 협조하지 않을 수 없었다. 지금은 통장 일은 하지 않고 학원의 강사로 열심히 노력하고 있다. 정말 그 성실한 행동에 2통 주민들로부터 많은 찬사를 받는 분이다.

나는 오늘 이 글을 쓰면서 많은 생각을 했다. 글의 서두를 열면서 "사람의 인연은 묘하다."라고 썼다. 과연 그렇다. 이 세상에서 비슷한 사람은 있지만 똑같은 사람은 없다.

이 작품에 등장한 두 여선생님은 고향도 주소도 다르고 성별이나 성격, 연령, 얼굴, 신장, 체격, 종교 등 닮은꼴은 찾아볼 수 없다. 그런데 딱 두 가지는 똑같다. 국가에서 관리하는 286성씨 중 '여씨'呂氏는 희귀한 성씨다. 그 귀한 성씨 가운데 두 여선생님은 동명이인同名異人이다. 본관은 함양咸陽, 이름은 여정연呂貞淵으로서 본관과 이름만 똑같이 닮은꼴이다. 정말 묘하고도 희귀한 일이다.

나와 친교를 맺은 두 여선생님의 건승을 빈다. 우리의 삶을 다할 때까지 맺은 인연을 소중하게 여기고 더욱 친화를 유지하고자 한다.

註 :

본관	성명	성별	종교	직업	신장	본적	주소
咸陽	呂貞淵	男	기독교	전 교장	170㎝	황해도 송화군	전주시 효자동
咸陽	呂貞淵	女	천주교	현 학원강사	155㎝	전북 진안군	전주시 인후동

(2009. 4.)

제8부

쌍선봉의 눈꽃

개골산의 비경

남과 북이 분단된 지 반 세기가 넘었다. 그 동안 가볼 수 없었던 천하명승 금강산 비경의 탐승길이 바야흐로 다시 열리게 되었다. 이 꿈같은 사실이 지닌 역사적 의미를 되새기기에 앞서 말할 수 없는 기쁨과 탄성이 절로 나온다. 이것은 온 겨레가 기대해온 열망과 환희이다. 금강산 하면 벌써 몸보다 마음이 먼저 그곳에 가 있는 사람이 수없이 많을 것이다.

꿈에 그리던 금강산. 그 금강산은 수십 년 동안 동경의 대상이었다. 우리 내외는 인후동 친목 모임인 '인친회'의 일원으로 진안 마령 주민들과 함께 부부동반으로 금강산 온정각에 도착하였다.

그 동안 뱃길을 이용하였으나 지금은 육로 관광길이 열리면서 금강산을 찾는 관광객이 부쩍 늘어난 듯싶다. 수십 대의 버스에서 내린 사람들은 낯선 지역 환경이지만 서로를 반기는 분위기였다. 기차 여행길을 열기 위한 철도공사가 한창 진행 중이었다. 완공되면 관광객은 더욱더 늘어날 것이다. 앞으로는 외국인들도 관광을 할 수 있게 되었으니 금강산 관광은 활기를 띠리라. 정말 가슴 벅차고 반가운 일이다.

금강산 하면 옛 노래 한 구절이 떠오른다. "금강산 찾아가자 일만이천봉 봉마다 기암奇巖이요…" 오죽하면 서두에 이런 가사가 붙었겠는가.

금강산은 참으로 이름도 많다. 산세가 수려하고 물도 맑은데다 계절의 변화에 따라 다양한 모습을 보여주기 때문에 갖가지 이름이 생겨난 듯싶다. 그에 따른 이름이 무려 9가지나 된다. 그 중에도 철에 맞게 붙여진 이름은 모든 관광객에게 설득력을 더해준다. 만물이 생동하고 꽃이 피는 봄에는 금강金剛이요, 풀과 숲이 무성하고 신록의 경치를 볼 수 있는 여름에는 봉래蓬萊, 단풍이 붉게 타는 계절에는 풍악楓嶽, 나무는 훨훨 벗고 기기묘묘한 바위들은 비경을 모두 드러내며 하얀 눈이 내리는 겨울에는 개골皆骨이라 하지 않았던가. 예부터 금강산의 제대로 된 모습을 보려거든 겨울에 보라고 하였다. 추운 계절을 택한 우리 일행은 개골산의 적나라한 모습을 확연히 볼 수 있어서 더욱 좋았다.

금강문을 지나 맑은 물이 흐르는 계곡을 따라 비경에 취해서 지칠 줄도 모르고 오르기를 계속했다. 옥류폭포가 비스듬히 앉아 있다. 물소리가 맑고 바람소리도 깨끗하다. 수량도 많고 주위의 경치가 아름다워 폭포는 더욱 맑고 투명했다. 굽이굽이 흐르는 물줄기 따라 좌우를 살펴보면 꿈에도 보지 못한 기이한 바위들이 정말 장관이다.

새가 나는 모양 같다 하여 비봉폭포, 새가 춤을 추는 형국의 표시로 무봉폭포, 이런 이름들은 지형과 산세에 따라 붙여진 이름인 듯싶다. 개성의 박연폭포, 설악의 대승폭포와 더불어 우리나라 3대 폭포로 꼽히는 구룡九龍 폭포 앞 관폭정觀瀑亭에 모두 모였다. 울창한 삼림과 기이한 바위들이 어우러져 장관을 이루는 폭포는 천하절경이다. 탄성이 절로 나온다. 비경에 도취된 관광객들은 저마다 사진 한 장이라도 더 담으려고 여기저기서 찰칵찰칵 분주한 모습이다.

옥류동玉流洞계곡, 이름만 들어보아도 구슬이 굴러가 듯 참 아름답다. 연주담連珠潭 앞의 뾰족한 봉우리에 사람이 앉아 있는 듯한 바위가 있다. 금강산에서는 바윗돌 하나도 보는 사람의 나이와 직업과 취미에 따라, 보는 위치와 각도에 따라, 계절과 날씨와 시간별로 다르게 보이는 듯싶다. 독서가가 보면 책을 읽는 것처럼 보이고, 처녀가 볼 때는 화장하는 것 같고, 어머니가 볼 때는 아기를 달래는 것 같을 것이며, 화가가 볼 때는 그림을 그리는 것 같은 형상으로 보일 듯싶다. 가물 때는 기묘하고 수량이 많을 때는 장쾌 웅장하여 간담이 서늘해진다는 상팔담. 문자 그대로 장관이다.

금강산에서 경치가 제일로 꼽히는 곳은 금강 제 1승勝 '만물상'이란다. 만물상을 탐승하려는 관광객은 산 밑에서부터 꼭대기까지 줄을 이었다. 그런데 이상하다. 중간쯤에서 낄낄대며 웃음이 터졌다. 서 있기도 불편한 위치에 마치 남근석 같은 바위 하나가 의연히 서 있다. 그를 에워싼 처녀 같은 소나무들이 그 바위 쪽을 향하여 반쪽 눈을 감고 수줍게 서서 무엇을 상상하고 있는 듯했다. 사람으로 비교하면 부끄러워 말 못하고 서 있는 형상이다. 참 기이하게 생겼다.

아름다운 경치에 도취되어 지칠 줄도 모르고 정상에 올랐다. 갑자기 천지개벽을 한 듯 세상이 달라진다. 크고 작은 산줄기와 계곡이 시원하게 보인다. 기암괴석들이 촘촘히 늘어서 병풍을 두른 듯 금강 제1승 만물상의 일대 장관이 펼쳐진다. 별세계다. 거기서 만물상의 정경을 바라보면 천지조화가 다시 새롭다. 탄성이 저절로 나온다. 사람들은 흔히 경승을 보면 환상적이다라는 말을 자주 쓴다. 그 말은 알몸으로 보여주는 개골산의 경치를 보고 써야만 적합한 말인 듯하다.

금강산은 그야말로 신비스러운 산이다. 나무 한 그루, 풀 한 포기, 돌멩이 하나에서도 애잔한 정감을 느낄 수 있다. 금강산에는 식물이 940여 종, 꽃이 880여 종이나 번식하고 있으며, 짐승이 60여 종, 날짐승이 220여 종이나 살고 있다고 한다.

이번 금강산 관광으로 북녘 동포들에 대한 고마운 마음을 갖게 되었다. 그들이 아니었더라면 그 산이 지금껏 태고의 순결을 간직할 수 있었을까. 산에서나 거리에서 휴지 조각 하나 보지 못했다. 생태계의 보존은 그야말로 만점을 주고 싶다.

2박 3일 짧은 기간 동안 그 많은 비경을 어찌 다 볼 수 있겠는가. 진수眞髓를 다 보지 못하고 글을 쓴다는 것은 부끄러움이 앞선다. 다시 한 번 찾아와 녹색 물감을 탄 듯한 옥색 물빛, 바위틈을 파고 서 있는 소나무, 떨어질 듯 말 듯한 기이한 바위들, 발길 닿는 곳마다 아름다운 비경을 음미하려니 싶다.

(2004. 3. 8.)

소나무

소나무는 귀티가 나고 자태가 고고한 나무다. 봄에 돋는 새잎에서는 미래의 꿈이 피어나는 것 같고 겨울나무에서는 종가의 종부宗婦 같은 미더움이 느껴지는 나무다.

소나무는 고생대부터 몇억 년을 살아온 나무라 한다. 사시장철 늘 푸른 소나무는 지조와 절개, 선비의 서릿발에 비유되기도 한다. 모진 풍상을 견뎌내고 천 년의 꿈을 꾸는 솔. 숱한 시련 속에서도 꿋꿋하게 살아온 우리 민족의 기상처럼 여겨지기도 한다. 그래서 이 땅의 나무 가운데 가장 사랑받는 게 아닐까 싶다.

소나무는 우리 인간의 삶과 늘 함께하는 나무다. 소나무를 목재로 궁궐이나 사찰, 민가 등의 집을 짓고, 소나무로 불을 지펴 밥을 지어 먹으며, 그 연료로 방을 따뜻하게 하고 오순도순 살아왔다. 아기가 태어나면 금줄에 솔가지를 끼워 혹시 액운과 병마가 묻어오지 못하도록 삼칠 일 동안 외부 사람들의 출입을 막았다.

인간은 소나무 아래서 태어나 소나무와 더불어 살다가 죽는다. 생전에 아무리 명예가 높고 호화스럽게 살았던 사람도 죽으면 소나무 관에 넣어져서 소나무가 있는 산에 묻힌다. 사람이 태어나서 죽을 때까지 소나무 신세를 진다해도 과언이 아닐 듯싶다.

5월이 되면 소나무 가지마다 노란 송화가 피어난다. 송화가 참으로 예쁘다. 해마다 봄이 되면 어머님의 손길은 바빴다. 송홧가루로 다식을 만들어 제사상에 올리고 가족들과 같이 먹기도 하였다. 그 맛은 꿀맛 같았다. 새잎을 따서 솔잎차도 만들고, 새 솔잎을 넣어 술을 빚었다. 추석에 솔잎을 깔고 송편을 익히면 그 솔향은 일품이었다. 음식이 귀한 시대에 소나무에서 여러 가지 먹을거리를 취하니 소나무는 역시 인간에게 유익한 나무임이 틀림없다.

우리 집은 소나무와 밀접한 인연과 잊지 못할 추억거리가 많다.

1950년 6 · 25 사변을 거쳐 9 · 28 수복을 맞았을 때의 일이다. 내 고향 변산은 낮에는 경찰이 치안을 맡고 밤에는 빨치산들이 통치하는 한국전쟁 제2의 격전지가 되었다. 그 과정에서 사상자가 속출하고 집은 모두 불타 버렸다.

4년간의 제2의 전쟁이 끝남과 동시 피난생활을 마감하고 고향집으로 돌아왔다. 폐허가 된 집터는 잡초만 무성하였다. 피난생활에서 돌아온 주민들은 쭉쭉 뻗은 소나무를 베어 우물 정자형井字型 집을 지었다. 그런 정자집을 짓는 데는 설계나 건축기구도 많이 필요하지 않았다. 톱과 망치 두 가지 연장만 있으면 아무나 소나무를 베어다 집을 지을 수 있었다.

정부는 수복收復 주민들의 식량으로 겉보리와 빵, 밀가루를 나누어 주었다. 그러나 식량은 턱없이 부족했다. 수복될 때는 1954년 3월 중순경 소나무에 수분이 한창 오를 때였다. 소나무 송기松肌를 벗겨 송피 개떡을 만들거나 죽을 쑤어 목숨을 연명하기도 했었다.

송화松花가 피기 전 얼마 동안 솔의 우듬지 속에는 수분이 많이 들어 있었다. 곧게 쭉 뻗은 솔 우듬지를 꺾어 하모니카 부는 식으로 송기를 먹으려는 순간 진한 송기 냄새가 확 번졌다. 그뿐인가, 칡뿌리와 찔레 그리고 여러 가지 뿌리와 열매가 군것질감이 되었지만 역시 송기만큼 얻기 쉽고 맛이 좋지는 않았다. 그 때 만약 소나무가 없었더라면 어떻게 집을 짓고, 소나무 껍질로 목숨을 연명했을까?

소나무는 여름보다 눈 내린 겨울에 더 운치가 좋다. 성근 겨울 하늘을 구도로 서 있는 소나무는 고절孤節한 빛을 드리운다. 눈이 내리는 날은 흰빛에 반사되어 홀로 푸르디푸른 빛이 더 돋보인다. 추사 김정희秋史 金正喜 선생의 '세한도歲寒圖' 역시 겨울 소나무를 격조있게 표현한 것이다. 나는 소나무 그림을 아주 즐긴다.

부부교사로 정년퇴임하신 운정 이현애芸庭 李賢愛 선생으로부터 초청장을 받았다. 그 행사는 다른 전시회와 차별화된 희귀한 행사였다. 운정 선생은 일찍부터 시와 그림, 붓글씨 등에 열정을 다하셨다. 한 가지 장르도 못하는 사람이 많은데 세 가지 재능을 소유한 운정 선생이야말로 얼마나 대단한 분인가. 아마도 선생은 천부적인 소질을 타고난 분이리라. 몇 차례 전시회를 가졌으며 또한 완숙미가 넘치는 이 작품들을 선보이는 자리에 축하객은 언제나 초만원을 이루었다.

시집 출판을 기념하고 그림과 글씨를 전시하였다. 그 중 특이하게 눈에 띄는 것은 역시 홍송紅松 그림이었다. 운정 선생은 2주간의 전시회가 끝난 뒤 그 많은 작품 중 가장 운치 있게 그려진 홍송 그림을 나에게 보내주셨다. 홍송에 끌리는 내 마음을 잘 읽은 듯싶었다. 그림을 가지고 온 화랑 주인에게 값을 물으니 고가의 작품이라고 귀띔해 주었다. 정말 고마운 분이다. 어찌나 화려하고 곱던지 내 서재에 걸어놓고 아침저녁으로 눈을 맞추니 그 붉은 소나무와 정이 두터워졌다. 고고한 그 홍송 그림을 오래토록 혜존惠存하리라.

목탈심상目脫心賞이란 말이 있다. 자연은 눈으로만 보지 말고 마음으로 보라는 뜻이다. 소나무는 우리 인간과 가까이 정을 붙이고 살아가는 나무다. 또한 애환을 같이 하는 나무다. 속된 말로 물은 건너봐야 깊이를 알고 사람은 겪어보아야 마음씨를 알 수 있다고 했던가!

(2008. 8. 15.)

쌍선봉의 눈꽃[雪花]

쌍선봉 전체가 눈꽃천지다. 햇빛을 받은 눈꽃은 오색영롱하고 현란한 모습이다. 설화는 겨울산의 꽃이요, 아름다움의 극치이다.

지금은 한낮의 맑은 햇빛이 눈발에 퍼져 눈이 부실 정도다. 가지마다 굴절된 빛으로 일곱 가지 빛깔이 눈밭에 퍼진다. 그 속에 바람에 날리는 눈가루가 위아래로 흩어져 환상적인 영상을 그려낸다.

이곳에는 추위도 없고, 세상 근심걱정도 없으며, 속세의 욕심은 더더욱 없다. 우리 일행은 오직 하나 환상적인 이 아름다운 장면들을 구경하려는 사람과 카메라를 들고 이리저리 뛰며 설화를 필름에 담으려고 분주하기만 하다.

사진을 찍는 두 친구 중 하나는 몇 년의 경력자이지만 다른 한 명은 아마추어 사진작가다. 그러므로 속된 표현을 한다면 환상적인 눈꽃에 도취되어 눈꽃에 미친 사람이다. 이 풍경을 물끄러미 바라보니 정말 눈꽃 구경을 잘 왔다는 생각이 들었다. 그야말로 설화雪花를 구경할 기회가 잘 맞아떨어진 것이다.

이러한 감동을 안겨준 고향 친구가 고맙다.

어제 극성스런 고향 친구로부터 전화를 받았었다. 내일은 환상적인 설화를 볼 수 있을 것이라며 호들갑을 떨었다. 며칠 전부터 뉴스를 들어보니 내일은 눈꽃을 볼 예감이 든다고 하였다. 그 친구의 말대로 산행준비를 마친 우리 일행 4명은 그리운 고향인 변산반도 국립공원을 찾아 나선 것이다.

변산에서 두 번째로 높다는 쌍선봉雙仙峯. 두 선녀가 선녀탕에서 목욕을 하고 살았다는 설화說話가 있는 이름난 암자 월명암月明庵에 닿았다. 스님은 몇 년 동안 이런 눈꽃은 처음이라며 우리를 반갑게 맞아주었다. 산 정상에 올라 사방을 바라보니 온 산이 눈꽃이라 우리 일행은 감탄사를 연발하였다.

쌍선봉 동쪽은 확 트인 삼예봉 아래 노적봉, 서쪽은 낙조대에서 바라보는 망망대해 서해바다요, 남쪽은 변산의 비경이며 진수眞髓라 할 수 있는 직소폭포와 봉래구곡의 청정계곡, 북쪽은 부안댐 호수가 그림처럼 펼쳐있으니, 그야말로 천혜의 비경이다. 그런데 요즘 날씨가 온난화현상과 지리적 환경의 6박자가 잘 맞아 비경의 설화가 연출되는 듯싶다. 또한 예술적 조화를 이룬 것 같다.

시간 가는 줄도 모르고 눈밭에 빠져 있노라니 어릴 적 아버님께서 하신 말씀이 생생하다. 겨울날에

"꽃이 피었다. 빨리 나와 꽃이 시들기 전에 꽃구경을 하렴!" 하신 말씀이 주마등처럼 떠올랐다. 감나무와 소나무, 고목나무까

지 눈꽃이 피었다. 심지어 지붕 위에까지 피어 있었다. 그때는 그의 진미를 알지 못했었다 지금에 와 생각해보니 햇볕이 나면 눈꽃은 시들기 때문에 시들기 전에 설화 현상을 보라고 하신 것으로 생각된다. 그때 보았던 눈꽃은 찬 빛이요, 다이아몬드처럼 반짝이는 보석 같았다. 지금 와서 보니 에메랄드 같은 빛이요, 루비 같은 빛이다.

온 산에는 어디서 몰려왔는지 카메라맨이 줄을 잇는다. 설화를 찍으려고 많은 산행을 했지만 모두 허사였다고 한다. 오늘 드디어 눈꽃을 만난 사람들은 오랜 가뭄 끝에 단비를 만난 듯 활기찬 모습들이었다.

겨울나무에 설화가 피면 가지와 줄기, 기둥까지 전체가 눈꽃이다. 또한 바위도 눈꽃이요, 죽은 고목까지도 눈꽃이다. 여기에 빛이 난무하여 형형색색 어우러지는 찬란한 자태는 천상의 세계 같다. 영화 속의 그림을 보는 듯 지금 내가 꿈을 꾸는가 싶을 정도다. 황홀감이 나를 감싼다. 이 같은 아까운 장면들을 사랑하는 사람과 같이 보고 느끼며, 세상에는 이 같은 자연의 오묘함이 있다는 걸 보여줬으면 하는 생각이 간절하다.

설화는 겨울에 핀 꽃, 산을 천국으로 만드는 자연의 조화이며 예술이다. 위대한 자연은 변함없고 측량할 수 없는 무게로 온 산을 감싸고 있다. 무력하고 나약한 인간이 어찌 천지조화의 속뜻을 알 수 있겠는가. 지금 여기에서 보이는 천리天理의 찬란한 모습을 제대로 보고 느낄 수 있다면 얼마나 좋을까. 쌍선봉 온 산에 핀 설화의 비경이 지금도 머릿속에서 현란하게 떠오른다.

(2007. 2.)

눈처럼 깨끗한 세상이 되었으면

어젯밤 함박눈이 소복소복 내렸다. 아침에 눈을 뜨니 온 누리에 눈이 푸짐하게 쌓였다. TV와 라디오, 신문들은 전국의 눈 소식을 톱뉴스로 전한다. 아침에 잠깐 멎는가 싶더니 다시 펑펑 쏟아진다. 하늘과 땅이 맞닿을 듯싶다. 온 세상이 눈 천지다.

지난 겨울은 유난히도 눈이 내리지 않고 넘어가는가 싶더니 입춘을 앞두고 모처럼 눈다운 눈이 내렸다.

소담스럽게 내린 눈 속에서 삭막하던 대지도 숨을 죽이고 있다. 그저 조용히 그 눈 속에서 곤한 잠을 자고 있다. 언제나 추운 겨울이면 이렇게 내린 눈이 대지의 풍물과 색다른 조화를 이루는 게 참으로 신비스럽기만 하다. 눈을 기다리는 사람들이 있다. 눈사람을 만들려는 아이들, 첫눈을 기념하여 입맞춤하려는 연인, 스키를 즐기려는 사람, 김, 석화石花 등 양식업을 하는 사람들에겐 더없이 좋은 계절일 것이다.

하지만 눈이 쌓이면 불편한 점이 수없이 많다. 하루에도 수십 번 드나드는 자기 집 앞의 길목도 쓸지 않는다. 새벽부터 일어나 눈을 치우는 사람은 가뭄에 콩 나기다. 나는 눈이 오면 언제나 그랬듯이 아침 일찍 일어나 눈 치우는 일로 일과를 시작한다. 단독 주택인 우리 집은 골목이 길다. 내 집 앞을 지나는 사람이 행여나 미끄러질까 봐 제설도구를 모두 동원하여 말끔히 치운다. 지난 해 집 뒤로 소방 도로가 새로 뚫려서 뒷길까지 쓸어야 하니 눈 치우는 일은 배로 늘어났다.

추운 날씨지만 땀을 뻘뻘 흘리며 깨끗이 쓸어놓은 길로 지나는 사람들은 "정말 수고했습니다." 하고 찬사를 보내며 지나간다. 이런 일들은 비단 눈 치우는 일뿐만이 아니다. 평소 골목 청소도 2, 3일 주기로 수십 년 동안 되풀이되는 일이다. 어떤 자선이나 한 듯 자긍심이 생겨 더더욱 열중한다. 그 일은 크게 힘들이지 않고 아침 운동으로 제격이며 땀의 보람이기도 하다.

뉴스를 보니 우리 고장 내변산이 전국 최고의 적설량으로 차량 통행이 막혔다는 소식이다. 내 고향 부안은 새만금사업, 핵 폐기장 유치반대 촛불 시위, 등 굵직한 전국 뉴스로 화제를 불러일으킨 고장이다. 거기에 적설량 최고라는 뉴스까지 더하여 전국 3대 뉴스를 차지한 것 같다. 변산반도국립공원은 전국적으로 화제다.

눈이 내리면 유년 시절 눈에 얽힌 여러 가지 일들이 떠오른다. 고향집은 산과 들, 바다가 어우러진 반도半島의 지형이다. 그래서 겨울이면 눈이 많이 내린다. 정기 버스가 다니지 않아 20리 정도를 걸어야만 하는 산간 오지다. 다행히 집 앞에 초등학교가 있어

등하교는 편리했었다. 눈이 오면 으레 친구들과 운동장에 모여 대형 눈사람을 만들고 눈싸움을 하면서 비단옷이 흠뻑 젖을 때가 한두 번이 아니었다. 손을 호호 불며 집으로 들어서면 엄하신 부모님은 크게 꾸지람을 하셨다. 이런 저런 일들은 철없던 어린 시절 흰눈에 얽힌 잊지 못할 추억이다.

눈이 올 때면 눈을 쓸면서 여러 가지 생각을 한다. 눈이 만약 하얀 쌀로 내린다면 우리네 세상은 어떻게 되었을까? 농사를 짓느라 물싸움을 하지 않아도 될 것이고, 농부들이 삼복더위에 땀을 흘리며 고생을 하지 않아도 될 것이다. 88번의 손이 가야 쌀을 얻을 수 있다는 농부들의 고달픔도 사라지리라. 그러나 사람들은 나태해질 것이 아닌가?

눈은 어떤 특정한 사람들을 위해 내려준 것은 아닐 것이다. 요즘은 생활이 너무 쉽게 변해버리는 시절이라 그런지 무슨 심경의 순미純味가 그렇게 쉽게 와 닿는 특별한 것도 없다. 그러나 한 번쯤 눈을 밟아보며 자연의 변화가 주는 포근한 선율을 한순간이라도 느껴보는 게 좋을 듯싶다. 그것은 계절의 멋이고 마음을 비우고 속세를 살아가는 참 모습이 되지 않겠는가?

눈과 바람이 몰아치면 이곳저곳에 눈 산을 만든다. 세찬 바람을 따라 날아가는 눈보라의 조화는 상상의 세계를 현실의 동심으로 되돌리며 그림처럼 눈 이랑을 만들어준다. 눈은 얼어 부푼 대지를 이불처럼 덮어주고, 돋아난 곡식의 냉해를 막아주며, 겨울 가뭄을 덜어주기도 한다. 그런 눈은 굳어진 고체도 아니요, 그렇다고 묽은 액체도 아니다. 만지면 부서져 물이 되고 단단하게 엉키면 얼음도 된다. 자연의 조화는 참으로 오묘하고 신비롭기 그지없다.

눈 쌓인 요즘에도 매일같이 한데서 잠을 자야만 하는 그런 수많은 사람들은 지금쯤 무엇을 생각하며 어디에서 새우잠을 자고 있을까? 요즘 뉴스를 보면 떵떵거리며 살던 유명인사들까지 줄줄이 부정과 비리에 연루되어 철창신세를 진다는 소식이다. 순백순결의 눈처럼 밝고 맑은 세상이 오려나 보다. 눈처럼 깨끗한 세상이 이뤄지기를 바라는 것은 어찌 나 혼자만의 소망이랴.

(2004. 2. 5.)

눈이 내리니

어젯밤에 함박눈이 소복이 쌓였다. 이미 환하게 날이 밝아 동녘에는 붉은 해님이 우람하게 떠오르고 있다. 하얀 이불을 덮은 것 같은 설경雪景이 햇살을 받으니 더 눈부시고 아름답다.

요즘 겨울답지 않게 며칠째 포근한 날씨가 계속되었는데 자고 나니 모처럼 눈다운 눈이 내렸다. 삭막하던 대지가 할 말을 잊은 채 눈 속에서 숨을 죽이고 있다. 누구 하나 대꾸도 하지 않는다. 그저 조용히 그 품속에서 아직도 잠을 자고 있는 듯싶다.

추운 겨울이면 이렇게 내린 눈이 대지의 풍물과 색다른 조화를 이루는 게 신비스럽기만 하다. 그렇다고 소복이 내린 눈은 우리 인간만을 위해 내려준 것은 아닐 것이다. 요즘은 생활이 너무 쉽게 변한다. 그러나 한 번쯤 눈을 밟아보며 동심과 추억에 젖어 보는 것도 좋을 것이다.

눈 쌓인 풍경을 보면 고향에서의 눈에 얽힌 추억이 떠오른다. 내 고향은 두메산골 교통이 불편한 산 속 마을이다. 작은 집들이 옹기종기 모여 있는 그 마을 한가운데에 나의 모교이기도 한 청림초등학교가 있다.

눈이 많이 쌓여 무릎까지 빠지며 학교에 간 적도 있었다. 눈으로 길이 막히면 으레 임시로 휴교조치가 내려졌었다. 눈이 펑펑 쏟아지는 날이면 집에서 고구마와 밤을 구워 먹으며 하루를 보내야 했다. 눈은 지금보다 훨씬 자주 내렸고, 또 많이 쌓였다. 살을 에는 듯한 차가운 바람이 매섭게 옷깃을 파고들어 추웠던 기억이 생생하다.

학교운동장에서 친구들과 눈사람을 크게 만들고 그 얼굴에 숯덩이로 눈과 코, 입, 귀를 만들어 붙였었다. 수염은 솔가지와 솔잎을 붙이고 밀짚모자를 씌우면 눈사람은 완성되었다. 그것은 으레 진재봉이란 친구의 솜씨였다.

눈 장군은 키가 7척이 넘는 미남형 눈사람이었다. 또 서툰 솜씨로 만든 썰매를 타다가 몇 바퀴 뒹굴면 옷은 완전히 물에 젖기 마련이었다. 손등이 트고 귓불은 겨우내 동상이 걸리기도 했다.

젖은 옷을 움켜쥐고 집에 들어서면 아버님의 호통이 이만저만이 아니었다. 그런데도 할머니와 어머니는 추운데 어서 들어오라면서 나의 편이 되어주었다. 할머니와 어머니의 손자와 자식사랑은 지금도 잊히지 않는 추억이다.

갈무리를 끝낸 들판에 내린 눈은 더없이 운치가 있어 보였다. 농촌의 겨울은 정말 따스하고 행복했다. 추수를 끝낸 마을에는 그동안 미루었던 결혼식 등 잔치가 이집 저집에서 치러졌다. 우리 부모님들은 잔칫집에 부조금 대신 달걀꾸러미를 가져다주었다. 그 눈길을 웃고 떠들며 다녀오던 기억이 새롭다. 그럴 때면 나도 그들 속에 포함된 듯 행복했다. 세찬 바람을 따라 날아가는 눈보라는 상상의 세계를 현실로 되돌리며 그림처럼 이랑을 만들어 주었다.

물은 신이 자연에게 주는 선물이다. 생명체에 수분을 공급하여 생명을 유지하게 한다. 기온이 떨어지면 얼음이 되었다가 녹은 물이 증발하여 적당한 공기의 습도를 유지하고, 비나 눈으로 내리는 순환과정을 밟는다. 또한 눈은 사람들의 언 마음을 잠시나마 선하고 포근하게 녹여준다. 그래서 눈은 천사처럼 착하고 아름답게 느껴진다.

눈이 많이 내리면 누구나 동심으로 돌아간다. 크고 작은 것, 착하고 약한 것, 정갈하고 더러운 것을 가리지 않고 감싸준다. 깨끗한 은백의 세계를 이루니 더욱 신비롭고 평화롭다.

그러나 눈과 비는 선하고 낭만적인 면만 있는 게 아니다. 인간이 오만할 때는 설화나 홍수로 인명과 재산까지 쓸어가니 자연에게서 겸손을 배우지 않을 수 없게 된다.

어젯밤 소복이 내린 눈을 물끄러미 바라보고 있노라니 그 정경이 너무나도 신비롭고 평화스럽기만 하다.

(2007. 1. 30.)

2003년도 10가지 초록빛

사람들은 세월이 무상하다는 말을 흔히들 한다. 정말 그렇다. 봄의 새싹이 돋기 시작하면 온갖 꽃들이 앞다퉈 맵시를 자랑한다. 앞서거니 뒤서거니 피어난 꽃들을 구경하다 보면 어느새 녹음이 짙어진다. 더위를 식혀주는 녹음이 항상 초록색으로만 있으면 얼마나 싱그러울까? 이는 모든 사람들의 바람일지도 모른다.

그러나, 우주만물은 계절의 변화에 순응해야 한다. 삽상하고 쓸쓸한 가을 하늘은 맑고 푸르다. 낙엽은 열심히 살다간 흔적이다. 여름내 걸쳤던 옷을 훨훨 벗어버린다. 낙엽은 가을바람에 미련 없이 대지의 품으로 돌아간다. 낙엽은 형형색색 할 일을 다 했기에 뿌리로 돌아간다. 아, 이제 겨울이다. 세월이 유수와 같다는 말은 나에게도 예외는 아니다.

계미년은 다른 해에 비해 바쁘게만 살다가 어떻게 지났는지 실감이 나지 않을 정도다. 이는 즐거움이요, 행복이었다. 희망의 해를 아쉽게 보내면서 그 중 10가지 초록빛 뉴스를 가려본다.

첫 번째 : 평소 건강하고 자상한 어머님께서 연말을 기하여 종합병원 응급실 신세를 지게 되었다. 자식들과 손자들이 응급실 앞에서 발을 동동 구르며 걱정을 하였지만 어쩔 수 없이 하루 반이 지났다. 담당 의사는 빙그레 웃으며 93세나 되신 노인이라 회복이 좀 늦지만 노환이므로 퇴원을 해도 괜찮겠다며 퇴원 명령을 내렸다. 1년 내내 건강하시다가 연말을 맞아 퇴원하므로 새해 1일부터 우리 가족은 모두 한 목소리로 어머님의 만수무강을 빌었다.

두 번째 : 자식이 혼기가 되면 연분을 찾아 성혼을 시키려는 게 부모의 마음이다. 4남 경준이가 30세가 되어 구혼 중이었는데 마침 친지의 소개로 4월 13일 혼례를 치렀다. 둘째를 혼인시킨지 12년이 되어서인지 하객이 상상을 초월할 정도로 모여 축하를 하여 주었다. 정말 고마웠다. 구름 한 점 없이 맑은 전형적인 봄 날씨였다. 그 날 행촌수필문학회에서는 통영으로 봄 문학기행을 갔었다. 나는 웬만하면 공식 행사에는 빠지지 않았는데 어쩔 수 없이 참석지 못했다.

세 번째 : 금융기관에서 근무하는 장남이 경기도 안산으로 이사를 하였다. 승진을 할 때마다 이사를 하였는데 아들 내외와 손자 손녀 1명씩 네 식구가 살지만 살림살이가 꽤 많았다. 결혼 후 두 식구만 살 때 비교하면 살림이 늘어서 큰 짐차로 두 차를 싣고도 남았다. 20여 년 훨씬 넘게 근무하는 동안 수원에서 3년 근무한 것을 제외하고는 집 가까이 근무를 하게 돼서 조석으로 또는

수시로 찾아와 "아버님, 어머님!"하고 부르는 것만 같은 기억이 아직도 새롭다.

네 번째 : 안산시로 이사를 한 장손(고대웅)이 4학년 학년말 시험에서 1등을 하였다는 뉴스다. 이사한 지 한 달밖에 되지 않아 따돌림이나 당하지 않을까 걱정을 하였는데 잘 적응을 한다니 정말 반가운 소식이다. 둘째 손자(고진욱)는 3학년인데 컴퓨터 2급에 합격을 하였으며 외손녀(최지효)도 4학년 학기말 시험에서 또 1등을 하였다는 소식을 접했다. 모두 초등학생이다. 청소년은 나라의 꿈나무요, 희망이다. 더 큰 나무 올곧은 나무로 자라기를 바란다.

다섯 번째 : 우리 집은 여름 휴가철이 되면 연례행사로 다양한 행사가 벌어진다. 바다를 낀 곳이나 물 맑고 산 속 깊은 수목원의 콘도를 예약하여 2, 3일씩 피서를 즐긴다. 5남매에 손자손녀를 포함하면 20여 명의 대가족이다. 금년은 소백산맥의 준령인 덕유산 아래 무주구천동에 자리를 잡았다. 고희를 바라보는 우리 부부는 변산반도 고향집에 가서 쉬려고 하였지만 고향은 너무 많이 가본 곳이므로 다른 지역으로 가서 그곳의 문화역사도 교류하는 것이 2세 교육에도 도움이 된다는 자식들의 말에 동참을 하였다. 살아 천 년, 죽어 천 년, 수명이 긴 향적봉 주목나무를 벗삼아 더위를 식혔다. 발이 시리도록 시원한 구천동 계곡, 수림의 바람소리 새소리 물소리 등 대자연의 합창이 지금도 귓전에 들려오는 듯싶다.

여섯 번째 : 나는 1만 명의 건강지킴이이다. 약효가 천삼天蔘이라 불리는 오가피를 1만 그루 심었다. 금년은 유난히 비가 많이

와서 묘목을 심을 때부터 제초를 할 때까지 엄청난 노력이 필요했다. 천삼이라 불리는 오가피 한 그루 한 그루가 한 사람의 건강지킴이가 된다니 나는 1만 명의 건강지킴이가 된 셈이다. 정말 즐겁고 가슴 뿌듯하다. 때론 어떤 자선이나 한 듯 우월감에 젖어 들뜰 때도 있다. 몇 년 전에 심은 것은 이제 수확하여 시판을 하다 보니 여름에 흘린 땀의 대가는 가을에 수확한다는 천리天理를 깨달았다.

일곱 번째 : 금년에 우리 부부는 두 밤의 별을 보는 부부가 되었다. 곰곰이 생각하면 괜한 노욕이리라. 지난 해 대한민국 한자 급수 1급 시험에 합격한 적이 있다. 우리나라 최고 급수는 사범급이다. 나는 한자 사범에 욕심을 냈다. 시험을 보려면 서울의 한자 전문기관에서 5천 자 정도 공부를 해야 한다. 매주 토요일 새벽차로 상경하여 다음 날 새벽 3시에 귀가를 한다. 그러니 두 밤의 별을 보는 사람이 된 셈이다. 역시 봄에 땀 흘려 뿌린 씨는 가을에 수확하는 천리天理를 다시 한 번 체득하였다. 또 보람을 느꼈음은 물론 가슴 뿌듯했었다. 이는 오직 아내의 두 밤의 별을 보는 정성이 아니면 전혀 불가능한 일이다. 이 영광은 오직 아내의 몫이다.

여덟 번째 : 남국의 파라다이스로 널리 알려진 거제 외도를 여행지로 정했다는 이장님의 전갈이다. 이번 여행은 내가 한 번 마을 분들을 모시겠다고 한 약속이 있어 온 연락이었다. 옛날과 달리 시골에는 인력이 부족하여 무슨 일을 하려면 인력난으로 여간 힘들지 않다. 금년 봄 그 많은 오가피(천삼)를 심을 때 마을 분들이 모두 나서서 자기 집 바쁜 일들을 뒤로하고 우리 집 일에 협력

하여 마을에서 최우선적으로 작업이 끝났다. 고향을 떠나 타향에서 살고 있지만 옛날의 그 인심만은 변함이 없었다. 정말 고마움을 다시 느꼈다. 나에게 베풀어준 고마움의 표시로 관광버스 한 대를 대절하여 남쪽의 파라다이스 해금강국립공원 관광에 나섰다. 가이드북을 정성껏 제작하여 평소 익힌 향토역사 일면을 안내하였다. 언제 가 봐도 수백 종의 희귀한 나무, 선인장 종류 등을 구경하며 찰칵찰칵 사진을 찍었다. 정말 별유천지란 말이 이곳을 가리켜 나온 것 같다. 그 많은 관광인파 속에서도 행촌수필문학회 편집국장이신 김홍부 선생을 만났다. 전주에서 몇백 번 만난 것보다 더 반가웠다. 그런 기억은 평생을 두고 남을 초록색 추억이리라!

거제도 수용소를 둘러보고 전쟁 비극의 일면을 알고자 했지만 여객선 시간 사정으로 보지 못하고 돌아온 것은 정말 아쉽다. 다음에 다시 한 번 가보기로 약속을 하고 돌아섰다. 가는 길 오는 길, 꿍짝꿍 꿍짝꿍 빠른 테이프는 차 안의 모든 이를 일으켜세웠고 차 속은 온통 디스코춤으로 술기운과 어우러져 후끈후끈 달아올랐다. 남녀노소가 따로 없었다. 모두 젊음의 광장이었다. 나무로 만든 차 판이라면 복판이 빠질 것 같았다. 그 동안 쌓인 피로는 해금강 국립공원에 모두 버리고 아쉬움을 남긴 채 무사히 귀가했다. 정말 초록빛 추억이다.

아홉 번째 : 토, 일요일은 주례를 서는 일이 일과다. 금년은 유난히 바빠서 더더욱 힘들었던 한 해다. 예부터 주례는 팔자 좋은 사람이 서야한다고 했는데 나는 그리 팔자가 좋은 사람도 아닌데 신랑신부 앞에 서서 주례를 서다 보면 미안할 때도 한두 번이 아

니다. 위에서 말한 두 밤의 별을 보는 사나이라고 했는데 일요일 새벽 3시에 귀가하여 11시 주례를 서는 일은 정말 힘든 일이었다. 그렇지만 나를 찾아주는 고마움에 피로도 잊고 그 날 신랑신부 새 출발의 행복한 행진을 힘껏 격려하는 일은 기쁨이요, 보람이며, 나 또한 즐거움에 젖었다.

열 번째 : 신춘문예 2년 연속 결선 진출이란 신문 보도를 보고 정말 부끄럽기 짝이 없었다. 어쩜 한 편이라도 당선이 돼야지 결선 진출로 끝나니 너무 아쉬웠다. 삼세판이란 말도 있듯이 다음에는 열심히 노력해서 기필코 소원성취하고 싶다. 더 많은 노력으로 문우들의 기대에 보답해야겠다.

(2004. 1.)

| 跋文 |

情의 수필가 고재흠의 인연 찾기 혹은 인연 만들기

-고재흠 수필집 ≪초록빛 추억≫ 출간에 부쳐

김 학

(수필가, 국제펜클럽 한국본부 부이사장)

1. 고재흠의 삶의 언저리

수필가 청림 고재흠은 전북 부안군 상서면 청림에서 태어난 선비다. 수필가 고재흠, 그는 영원히 고향을 가슴에 품고 살고자 고향마을 靑林을 아호로 사용하고 있다. 그의 애족애향심愛族愛鄕心은 타의 추종을 불허한다. 칭찬거리를 이야기할 때면 으레 고씨 종친이 아니면 고향 부안 사람이나 아름다운 부안의 산하를 내세운다. 그의 마음과 머릿속에는 오로지 고씨문중과 부안밖에 들어갈 틈이 없어 보인다. 그가 해외에 나간다면 그때엔 대한민국이 보일까?

수필가 고재흠, 그는 장점이 꽤 많은 사람이다. 그와 오래 사귀다 보면 깨달을 수가 있다.

수필가 고재흠, 그는 정이 많은 분이다. 그는 지인들에게 무언가 자신이 가진 것을 나누어주고 싶어 안달이다. 고향에서 오가피농장을 경영하면서부터는 수확철마다 그 오가피 뿌리나 줄기, 잎사귀, 열매 등을 지인들에게 나누어 준다. 또 오가피로 만든 환약丸藥을 선물하기도 하고, 오가피 즙을 나누어 주기도 한다. 정이 없으면 쉽게 할 수 있는 일이 아니다. 또 지인들의 애경사를 빠짐없이 찾고, 오랜만에 만나는 지인들에겐 소주라도 한 잔 하자면서 손을 끄는 정겨운 사람이다.

언제나 포근하고 넉넉한 분이다. 좋은 정보가 있으면 그걸 혼자 독점하여 이득을 보려 하지 않고 지인들과 공유하려 애쓰는 분이다. 좋은 모임이 있으면 지인들에게 가입을 권하고, 유익한 배움 기회가 있으면 또 이웃을 끌어당긴다. 그리하여 그의 권유로 새로운 세상으로 비상할 수 있는 날개를 달게 된 지인들이 많다.

수필가 고재흠, 그는 인연을 소중하게 여기는 분이다. 칠순을 넘긴 연세에도 그는 인연 찾기와 새로운 인연 만들기를 게을리하지 않는다. 그의 수필작품을 읽어 보면 그걸 금방 느낄 수 있다. 수필가 고재흠, 그는 고씨종친과 고향사람들을 모든 면에서 가장 우선순위에 둔다. 그리고 문인으로서는 14개 문학단체에 가입하여 인연을 넓히고 있고, 또 문화유산사랑회 회원으로서, 국립전주박물관 해설사로서, 다양한 사회단체 회원으로서 끊임없이 인연의 영역을 넓혀가고 있다. 이른바 칠순 마당발이라고 할 만하다.

더구나 지금까지 445쌍이 넘는 결혼식 주례를 맡았던 것도 인연 만들기의 하나라 아니할 수 없다. 요즘 주말이나 휴일엔 그를 만나기가 어렵다. 주례가 계속 밀려들기 때문이다. 물 묻은 바가지에 깨 들어붙듯 주례 요청이 몰려든다.

수필가 고재흠, 그는 효심이 강한 분이다. 지난 1월 14일 아흔여덟 살인 어머니를 여의었다. 남들 같으면 호상이라고 할 텐데 오히려 백수를 누리지 못하고 돌아가신 어머니를 안타까워하며 눈물을 흘렸다. 아무나 흉내 낼 수 없는 효심이다. 효심은 타고난 것이 아닐까 싶다. 고재흠 수필가의 동생 역시 효심에서는 결코 형에게 뒤지 않는다. 그 동생 내외가 몇 년 전부터 집안의 명절과 제사를 형제가 번갈아가면서 모시자고 제의하여 실천하게 되었고, 치매를 앓던 노모 역시 번갈아 모시기도 했었다. 그런 동생이 과연 이 세상에 몇 명이나 될까?

어머니께서 노인병원에 입원 중일 때 그의 형제자매가 번갈아가면서 병실을 지켰고, 그 가족들이 모두 임종까지 했다니 요즘 같이 효가 무너지는 시대에 찾아보기 힘든 현대판 아름다운 이야기가 아닐 수 없다. 효자 집안에서 효자가 난다고 했으니 앞으로도 이 집안에서는 효자가 대물림되려니 싶다.

수필가 고재흠, 그는 칠순이 넘은 지금도 자녀들에게 의탁하지 않고 생활전선에서 직접 뛰어 소득을 올리는 고령의 현역이다. 그는 고향의 농장에 직접 오가피를 심고 가꾸어 판로를 개척한다. 주말이면 결혼식 주례로서, 주중에는 수필공부와 고적답사, 박물관 봉사 등 다양한 사회활동을 펼치노라 눈코 뜰 새 없이 바쁘다. 마당발 실력을 유감없이 발휘하는 셈이다. 수필가 고재흠, 그는 잠시도 쉴 틈이 없을 정도다. 바쁜 일상생활이 그의 늙음을 막아주고 건강을 지켜주는 보호막이 되는 모양이다.

2. 고재흠과 수필의 만남

수필가 고재흠, 그는 월간 ≪문학공간≫ 2000년 5월호에서 수필부문 신인상을 수상하여 수필가로 등단하였다. 그러나 체계적인 수필공부의 필요성을 절감하던 2001년 9월, 전북대학교 평생교육원에 〈수필창작반〉이 창설되자 첫 번째로 등록하여 지금까지 계속 수강하고 있다. 수필가 고재흠, 그는 10년법칙十年法則을 잘 아는 분이다. 10년법칙이란 무슨 일이든 한 번 시작하면 10년을 계속해야 한다는 뜻이다.

그가 등단 10년 만에 처녀 수필집을 상재한다는 것은 때늦은 감이 없지 않다. 그러나 이제라도 자신의 문학적 성과를 정리한다는 것은 퍽 의미 있는 일이요, 다행스러운 결과다. 예로부터 양반은 문집을 남겼다. 수필가 고재흠 역시 문집을 남기게 되었으니 자신의 후손들에게도 떳떳할 것이다.

수필가 고재흠, 그의 문단활동은 비교적 활발하다. 한국문인협회 회원이자 월간 문학공간 회원일 뿐 아니라 전북문인협회 감사, 전북수필문학회 부회장, 행촌수필문학회 이사, 전주문인협회 이사, 한국신문학인협회 이사, 한국신문학인협회 전북지회장 등으로 활동하고 있다. 특히 지난 해 ≪신문학≫ 창간호를 발간한 것은 그의 문학적 업적으로 남게 될 것이다. 그를 일컬어 마당발 문인이라고 해도 결코 과장이 아니다.

수필가 고재흠, 그는 다작多作이 아니라 과작寡作이다. 공사다망한 삶을 살기 때문에 그럴 수밖에 없을지도 모른다. 수필가 고재흠, 지금 그에게 필요한 것은 바로 불광불급不狂不及의 정신이라고 하겠다.

3. 고재흠 수필가의 수필세계

수필의 5미五味라면 새타이어(Satire : 풍자), 아이러니(Irony : 반어), 패러독스(Paradox : 역설), 유머(humor : 해학), 위트(Wit : 재치)라고 하겠다. 수필작품에 이 맛들을 적절하게 버무려야 수필의 독특한 맛을 낼 수 있고, 그게 바로 독자를 끌어들이는 고명이 될 것이다. 꽃으로 말한다면 향기라고나 할까. 그러면 수필가 고재흠의 수필은 어떤지 살펴보기로 하자.

> 봄의 발자국소리가 들린다. 봄이 오는 소리! 가만히 귀를 기울이면 천지가 나지막한 소리로 가득하다. 겨우내 숨죽이고 있던 만물이 소곤거리기 시작한 것이다. 작고 보드랍고 소중한 생명들이 조심스럽게 움직이는 소리다. 겨울을 견딘 연둣빛 새순이 고개를 내미는 소리, 꽃봉오리가 부풀어 오르는 소리, 봄비로 연해진 땅을 헤집고 벌레들이 살며시 고개를 내미는 소리, 어미 새가 부지런히 둥지를 다듬는 소리……. 온통 향기롭고 아름다운 소리로 가득하다. 봄이 오고

있는 것이다. 아기 병아리 솜털처럼 보드라운 햇살의 어디에 이토록 놀라운 힘이 숨어 있었을까?

〈봄의 소리 봄의 몸짓〉 서두

〈봄의 소리 봄의 몸짓〉이란 제목부터 매혹적이다. 독자의 흥미와 기대 그리고 호기심을 끌 수 있는 매력적인 제목이다. 서두 역시 흠 잡을 데 없을 정도로 서정적이며 육감적인 문장이다. 고희를 넘긴 할아버지 수필가가 어떻게 이런 발상과 이런 표현을 할 수 있을까? 인간의 오감을 총 동원한 문장이라고 하지 않을 수 없다. 마치 청소년들의 연애편지에서나 읽어 볼 수 있는 나긋나긋하고 아름다운 문장이다.

새들은 겨우내 고운 노래를 참느라 얼마나 답답했을까? 멧새 · 굴뚝새 · 노랑할미새들이 모두 나와 그동안 배우고 익힌 노래를 연습하느라 바쁘다. 머지않아 벌새는 꽃마다 부리를 넣어 꿀을 빨며 향기에 취할 테고, 딱따구리는 부지런히 나무를 쫄 것이다. 뱁새는 떼를 지어 봄볕 속을 포르릉 날고, 꾀꼬리는 금빛 날개만큼이나 아름다운 노래를 부를 것이다. 유난스레 높은 음을 내는 저 새는 소프라노 가수인가. 새들의 합창은 언제 들어도 조화롭기 만하다.

〈봄의 소리 봄의 몸짓〉 결미

겨우내 참고 살던 새들이 즐겁게 노래를 부르는 봄의 정경이 독자의 상상력을 자극하며 독자를 열락의 기쁨에 젖게 한다. 청림 같은 산간벽지에서 태어났고 또 그곳에서 자랐기에 봄의 소리를 들을 줄 아는 귀를 지니게 된 것이려니 싶다. 체험의 육화라 할 만하다. 귀[耳]를 활용하여 서두를 열고 귀와 눈[耳目]을 활용하여 깔끔하게 결미를 마무리했다. 독자로 하여금 봄의 소리와 봄의 몸짓을 다시 연상케 하려는 화자의 구성이다.

수필가는 언제나 오감五感을 열어놓고 수필 소재를 찾아야 한다. 그래야 좋은 글감을 만날 수 있는 법이다.

> 꽃 재배농장에서 수만 가지 꽃들이 똑같이 자랐지만 어떤 꽃은 결혼식장의 축하 꽃이 되고 어떤 꽃은 장례식장의 조화弔花가 된다.
>
> 〈꽃과 사람〉 중에서

수필가 고재흠의 눈썰미는 매사를 허투루 보지 않는다. 대부분의 사람들은 결혼식장과 장례식장을 드나들면서 꽃을 보았지만 으레 그러려니 여기고 만다. 그런데 수필가 고재흠은 족집게처럼 그걸 제시하여 독자들의 공감을 자아낸다. 이 작품을 읽는 독자라면 다양한 꽃의 쓰임새를 떠올리며 머리를 끄덕이지 않을 수 없을 것이다.

> 꽃봉오리 같은 젊은 나이에 궁 안에 들어와 궁중법도에 따라 궁녀로 산 사람들이 얼마나 많던가? 절정에 이른 설악산의 단풍만큼이나 붉게 탄 가슴, 주상의 성은을 입어 빈이나 숙, 귀인의 자리에라도 오르면 얼마나 영광이었으랴. 생각만 해도 딱하고 가련한 여인들의 운명이었다.
>
> 〈가을 경복궁〉 중에서

우리문화유산사랑회 회원들과 더불어 가을나들이로 경복궁을 찾았을 때의 기행수필 〈가을 경복궁〉의 한 대목이다. 그 경복궁을 돌아보면서 화자는 깊은 상념에 젖는다. 올바른 정치를 위하여 충언을 하다가 모함을 당하여 옥고를 치르기도 하고, 개혁을 주장하다가 조광조처럼 목숨을 잃기도 하며 황희, 윤선도, 정약용 같이 유배를 가기도 하는 슬픈 역사를 되새긴다. 뿐만 아니라 궁중에서 행여나 임금의 사랑을 받을 수 있을까 기대하다가 꿈을 이루지 못한 궁녀들의 슬픈 운명을 헤아리며 안타까워하기도 한다. 수필가 고재흠의 휴머니즘을 엿볼 수 있다.

다른 사람 같으면 칠순고개를 넘으면 컴퓨터를 멀리하기 마련이다. 그런데 수필가 고재흠은 컴퓨터를 친구처럼 아니 소실少室보다 더 가까이 두고 산다.

> 정보화시대를 맞아 우리 소나무집 5남매는 홈페이지를 개설하고 그 명칭도 〈소나무집 5남매〉로 이름 지어 운영한다. 즐거운 일, 어려운 일, 하고 싶은 말, 모임, 생일 등을 모두 게시판에 올리고 메일로 전한다. 참 편리한 세상이다. 컴퓨터 앞에 앉아 클릭만하면 아들 며느리 손자들과 대화를 나눌 수 있다. 오늘은 또 무슨 기쁜 소식이 있는지 궁금하여 카페에 들어가 본다.
>
> 〈소나무집 5남매〉 중에서

고향집에 150년생 소나무가 한 그루 있어서 지은 홈페이지의 이름이 바로 〈소나무집 5남매〉다. 칠순의 나이에도 불구하고 가족 홈페이지를 만들어 운영한다니 놀라운 일이 아닐 수 없다. 칠순의 고재흠 수필가는 인터넷시대의 구경꾼이 아니라 인터넷시대의 참여자로 산다. 또 수필가 고재흠은 애주가다. 술은 그의 오랜 친구요, 수필가 고재흠의 인연 만들기를 돕는 윤활유나 다를 바 없다.

> 나는 술을 좋아한다. 아주 좋아한다. 1년 동안 술을 마시지 않은 날이 거의 없을 정도다. 약 50년 동안 내가 마신 술을 모았다면 소류지(小流池) 하나를 채울 만큼은 될 것이다.
>
> 〈술 이야기〉 서두

술을 좋아하는 것은 집안의 내림이다. 선비집안이니만큼 술과 멀리할 수는 없었으리라. 그렇다고 수필가 고재흠이 두주불사형의 술꾼은 아니다. 취흥이 도도할 정도로 마시며 그 술자리의 분위기를 즐길 줄 알 뿐이다. 술의 이로움과 해로움을 잘 깨닫고 있기 때문이다.

> 깊은 밤 어머니의 등에 업혀 칭얼거리면 곶감 하나 주시며 밤하늘의 무수한 별들을 하나둘 세어보라고 하신 말씀이 떠오른다. 인간이 태어나 이 세상에서 만나는 최초의 스승이 어머니다. 어머니의 품안은 어린이의 학교요, 교과서라고 하지 않았던가. 혹 내게 좋은 점이 있다면 어머니로부터 받은 것이요, 내가 가진 많은 결점은 어머니의 교훈을 저버린 내 탓이리라.
>
> 〈어머니와 세뱃돈〉 중에서

화자는 어머니가 치매를 앓기 전에는 해마다 설날이면 어머니에게서 세뱃돈을 받았고, 그 세뱃돈을 1년 내내 수부적이나 수호신처럼 지갑에 넣어 보관했다고 한다. 그 세뱃돈을 마치 어머니의 분신처럼 여긴 까닭이다. 이 역시 화자의 효심을 읽을 수 있는 대목이다. 누구나 어머니에 대한 추억이 없으랴만 이 화자는 좋은 것은 어머니로부터 물려받은 것이요 자신의 결점은 어머니의 가르침을 어긴 자신의 탓이라며 자기반성의 태도를 보이고 있다. 수필이 자기반성의 문학임을 엿볼 수 있는 구절이다.

> 남녀가 결혼하여 가정을 가진다는 그 자체가 사회구성의 첫 단위가 되는 것이며, 부부로서의 활동은 곧 사회와 국가의 발전에 이바지하게 되는 것이기에 결혼은 중차대하다 하겠다. 내가 주례를 서서 새로운 가정을 꾸민 신랑신부 445쌍에게 늘 축복이 함께 하기를 빌고 또 빈다.
>
> 〈주례 445쌍〉 결미

화자는 전문 주례로 널리 알려졌다. 지난해 6월까지 445쌍의 주례를 섰으니 지금은 480쌍을 훨씬 넘겼을 것이다. 대단한 일이다. 화자의 사회적 지위와 지명도가 그렇게 높은 것도 아니다. 더구나 연세가 높은 편인데도 주례 부탁이 많은 것은 분명 무엇인가 이유가 있을 듯하다. 어쩌면 주례사 내용이 좋아서 혼주들과 하객들의 마음을 사로잡기 때문이 아닐까 싶다. 어쩌면 타고난 카랑카랑한 목소리와 수필가로서 맛깔스럽게 쓴 주례사 내용이 호감을 갖게 하는 까닭이 아닐까?

4. 고재흠 수필가의 가야할 길

우주만물이 모두 수필의 소재가 될 수 있다고 했다. 그러나 수필의 소재를 보는 눈이 없으면 결코 좋은 글감을 고를 수는 없을 것이다. 영국의 작가 Leggett는 일찍이 무엇을 보았느냐가 문제가 아니라 직관과 사색으로 그 본 것에서 어떤 의미를 발견했느냐가 중요한 것이라고 했다.

이제부터 고재흠 수필가는 소재의 다변화를 위하여 더 노력하면 좋겠다. 처음 수필을 쓰려면 나로부터 출발하여 가족, 친지, 고향, 향토, 나라, 세계로 글감의 영역을 넓혀나가기 마련이다. 하지만 처녀 수필집을 출간하였으니 이제부터는 더 넓은 분야에서 다양한 수필소재를 찾아 작품으로 빚으라는 이야기다.

김일손은 한퇴지의 글을 천 번 읽었고, 임백호는 ≪중용≫을 8백 번이나 읽었다는 고사를 거울삼아야 할 것이다. 그런 의미에서 많이 읽고, 많이 쓰며, 많이 생각하라는 구양수의 삼다설三多說이야말로 문학공부의 왕도임을 깨달아야 할 것이다.

평범한 일상에 새로운 의미의 옷을 입히는 작업이 수필쓰기라는 점을 가슴에 깊이 묻어두고 좋은 수필을 빚는데 혼신의 노력을 다하기 바란다. 수필가 고재흠의 앞날에 문운이 더욱 창성해지기를 빈다.

초록빛 추억

초판 1쇄 발행 : 2009년 4월 20일
초판 2쇄 발행 : 2009년 7월 30일

지은이 : 고 재 흠
펴낸이 : 서 정 환
펴낸곳 : 신아출판사

등 록 : 1984년 8월 17일 제28호
주 소 : 전주시 완산구 태평동 251-30
전 화 : (063) 275-4000, 252-5633
E-mail : sina321@hanmail.net

값 10,000원
ISBN 978-89-5925-564-1 03810

* 이 책은 전라북도 문예진흥기금 일부를 지원받아 발간하였습니다.